삶에 흠뻑 빠져라

『대학』,『논어』,『맹자』,『중용』으로 깨우치는 인생철학

초판 1쇄 | 2017년 01월 01일

지은이 | 신창호·예철해
편　집 | 이재필
디자인 | 임나탈리야

펴낸이 | 강완구
펴낸곳 | 써네스트

출판등록 | 2005년 7월 13일 제313-2005-000149호
주　소 | 서울시 마포구 동교동 165-8 엘지팰리스 빌딩 925호
전　화 | 02-332-9384　　**팩　스** | 0303-0006-9384
이메일 | sunestbooks@yahoo.co.kr
ISBN 979-11-86430-40-8 (03150)　　값은 표지에 표시되어 있습니다.
2017ⓒ신창호·예철해
2017ⓒ써네스트

정성을 다해 만들었습니다만, 간혹 잘못된 책이 있습니다. 연락주시면 바꾸어 드리겠습니다.

이 도서의 국립중앙도서관 출판예정도서목록(CIP)은 서지정보유통지원시스템 홈페이지(http://seoji.nl.go.kr)와 국가자료공동목록시스템(http://www.nl.go.kr/kolisnet)에서 이용하실 수 있습니다.(CIP제어번호: CIP2016032076)

삶에 흠뻑 빠져라

『대학』, 『논어』, 『맹자』, 『중용』으로 깨우치는 인생철학

신창호·예철해 지음

써네스트

* 일러두기

- 이 책에서 활용한 『소학』, 『대학』, 『논어』, 『맹자』, 『중용』, 『예기』 등의 내용은 원문 그대로 직역하지 않고 현대적 의미로 재해석하여 번안하거나 의역하였다. 필요에 따라서는 내용을 생략하거나 보충하기도 하였다. 출전은 번역문의 맨 마지막에 표기하였다.

- 본문의 내용은 사서(『대학』, 『논어』, 『맹자』, 『중용』)를 중심으로 4부로 구성하되, 제1부 『대학』에서 『소학』과 『예기』의 내용을 첨가하여 배움의 문제를 제시하였다.

- 본문은 ①사서에서 발췌한 내용, ②간략한 사자성어 10개, ③각 부의 주제별 토의내용, ④필사노트 등 네 영역으로 구성하였다. ②에서 제시한 <간략한 사자성어 10개>는 사서의 문장을 줄이거나 구절에서 따서 새롭게 만들었는데, 아래에 그 근거를 밝혀 놓았다.

- 각 부의 뒷부분에 제시한 <내 인생의 '입지', '사랑', '정의', '화해'>의 질의 및 토의사항은 각 부의 내용을 현대적으로 성찰하는 측면에서 <예시>한 것으로, 독자들이 스스로 질의응답을 할 수 있도록 안내하였다. 아울러 그 다음에 수록한 <필사노트>는 앞에서 정돈한 <사자성어>를 복습할 수 있도록 배려하였다.

머리말

고전古典은, 시간이 흐를수록, 난세亂世일수록, 또는 새로운 삶의 진로를 모색할 때, 그 가치를 한층 발휘한다고 합니다. 우리의 전통 가운데는 그런 아름다운 고전이 있습니다. 유교의 가르침을 삶의 지침으로 삼았던 조상들은 그 고전을 읽고 깨우치곤 했습니다. 그것이 다름 아닌, '『대학』—『논어』—『맹자』—『중용』'으로 연결되는 사서四書입니다.

『대학』은 사회 지도층 인사로서 어른이 되어가려는 다짐과 공부의 모습을 담고 있습니다. 『논어』에는 사람을 사랑하는 인간의 열정이 녹아 있고, 『맹자』에는 인간의 삶에서 무엇이 올바른 길인지 정의로운 행위의 기준이 제시되어 있습니다. 그리고 『중용』에는 우주자연의 질서를 본받아 사람이 어떻게 마음 씀씀이를 발동해야 균형과 조화를 이룬 인간사회를 건

설할 수 있는지 일러줍니다.

요컨대, 사서는 인간이 어떻게 살아야 하는지 그 원리와 방법, 즉 삶의 희로애락을 맛볼 수 있게 해주는, 선현들의 지혜를 담은 일종의 인생철학이자 삶의 지침서입니다.

이 책은 이런 사서의 세계관에 근거하여 만든 교양 프로그램 텍스트입니다. 사서의 내용을 '입지立志—사랑仁愛—정의正義—화해和諧'의 네 차원으로 정돈하고, 이를 인생의 성숙 단계로 연결시키려는 조그만 시도입니다.

우리 모두는 자신의 삶에 대한 입지를 고민하고, 인간 사랑과 정의, 세상 모든 것들과의 어울림에 관해 숙고합니다. 온전하지는 않겠지만, 이 네 가지 화두를 통해 개인적·사회적 삶의 성장이 있기를 소망합니다. 이런 의미에서 책 제목을 『논어』「술이」의 내용을 풀어 쓴, "삶을 예술의 경지로 끌어 올려 흠뻑 빠져 보라"에서 취하여 <삶에 흠뻑 빠져라>로 정했습니다.

적지 않은 시간 동안, 이런 자유교양 교육 프로그램의 중요성에 대해 함께 고민하며 논의해준 사람들이 많이 있습니다. 고려대학교를 비롯한 여러 대학에서 교양교육에 관심을 가지고 교육에 임하는 교수님, 일선학교에서 학생들의 진로와 인성교육을 심사숙고하고 계신 선생님, 각종 도서관 및 시민사회 단체에서 고전을 낭송하며 새로운 인생의 의미를 찾으려는 지성인들, 여기에서 일일이 존함을 거론하지는 않았습니다만, 함께 이 사회의 교양 수준을 높이기 위해 고민해준 여러분들에게 감사드립니다.

2016. 12.

저자를 대표하여

안암동 운초우선교육관에서

신창호 배상

차례

제1부
『대학』

입지;

어떤 삶을

살 것인가

삶의 입지를 고심하게 만드는 『대학』

『대학』은 큰 대大, 배울 학學이라는 글자로 이루어져 있다. 문자 그대로 이해하면 '큰 배움'이라는 의미다. 큰 배움Great Learning은 큰 사람이 되기 위한 공부의 원리를 담고 있다. 큰 사람은 '어른'이라고도 한다. 그러니까 『대학』은 어른이 되는 공부법을 다루고 있는 경전이다. 어떤 사회건, 어른은 그 사회의 지도층 인사를 말하므로, 『대학』은 사회 지도층을 길러내기 위한 뚜렷한 목적을 가진 저작이다. 민주주의가 핵심 가치로 자리하고 있는 우리 삶에서, 사회 지도층으로서 큰 사람이 된다는 것은 무엇을 뜻할까? 더구나 제4차 산업혁명의 시대로 명명되는 이 시기에, 전통 공부법인 『대학』은 우리에게 어떤 메시지를 전하고 있을까?

우리의 전통 공부법에서는, 큰 사람을 예비하는 『대학』이

전에 작은 사람을 기르기 위한 『소학』이 있다. 소학은 말 그대로 작은 사람을 가르치기 위한 공부법을 담았다. 작은 사람은 어른에 대비되는 '어린이'나 어른처럼 성숙하지 못한 '어리석은 사람'을 뜻한다.

　전통 공부는 '소학'을 통해 인간으로 살아가는 데 필수적인 기본예절과 기초지식 체득을 매우 중시했다. 그것은 이른 바 '쇄소응대진퇴지절灑掃應對進退之節'과 '예악사어서수지문禮樂射御書數之文'으로 규정되는 '절문節文'이라는 행위를 갈구하는 공부다. '대학'은 이런 '소학'을 보다 높은 차원에서 확인하고 철저히 실천하기 위한 사물의 원리 탐구에 초점을 맞춘다. 이는 '궁리정심수기치인지도窮理正心修己治人之道'로 대변되는 '도道'로서 우주자연과 인간세상의 이치를 탐구하는 데 집중된다.

　'소학'이 형이하학적 행위의 측면을 강조했다면, '대학'은 형이상학적 원리를 다룬다. 소학은 일상의 사소한 행위 문제를 다루기에 '사事'에 관해 배우지만, 대학은 이치를 탐구하기에 '리理'에 대해 익힌다. 이는 소학에서 대학으로 진행되는 유기적인 깨달음의 연결을 통해 진행된다. 그런 공부의 과정을 '하학상달下學上達'이라고 한다. 그것은 아래에서 위로, 쉽고 단순한 일로부터 어렵고 복잡한 사안을 점차적으로 실천해 가는 점진적 공부 과정이다. 특히, 대학의 공부는 이치의 연구, 몸과 마음의 정돈, 타자를 다스리고 배려하는 문제 등, 원리와 법칙, 이치를 다루는 인간의 '길'을 체득하는 데 온 힘을 쏟는다.

이러한 전통 공부는 개인의 인격도야는 물론 사회적 책임감을 체득하는 데 적극적으로 기여하려는 강력한 의도를 지니고 있다. 자기 수양을 구심으로 상하전후좌우에 존재하는 이웃들에 대한 이해와 배려를 고심한다. 이 세상에 존재하는 모든 사물의 상황을 자나 컴퍼스로 재어보듯이, 타인에 대해 마음 깊숙히 헤아린다. 그것은 개인의 학습, 공동체의 발전을 변증법적으로 성찰한다. 개인적 수양을 바탕으로 사회적 완성을 꾀한다. 요컨대, 인간의 개인적·사회적 책무성을 촉구하는 공부의 특성을 간직하고 있다.

그러다보니, '『소학』―『대학』'의 공부 체계는 전통 학문의 기본 강목으로 작용했다. 특히, 『대학』은 중국의 역대 왕王들을 비롯하여 조선시대의 왕들이 그들의 통치철학으로 활용했다. 왕을 보필하던 수많은 학자나 관료들도 정치의 이론적 지침을 『대학』에서 구했다. 이런 차원에서 『대학』은 최고 지도자의 철학이론으로 인간 사회에 관한 공부의 핵심 역할을 담

당했다. 그것은 다름 아닌 삶에 대한 입지立志였다. 지도층 인사로서 세상을 마주하며 인간의 뜻을 펼쳐가려는 일종의 고민이자 몸부림이었다. 오늘, 우리는 우리 시대를 마주하며 시대정신을 고려한 내 삶의 입지, 우리 인생의 입지를 통해, 새로운 차원의 인간적 몸부림을 열어 나가려고 한다.

1. 삶의 탐색
— 목적을 구축하라

◆ 옛날에는 어린 아이나 어리석은 사람이 잘 살아 갈 수 있도록 다음과 같이 가르쳤다.

수시로 자신의 주변을 깨끗하게 청소하며 위생 관념을 깨우쳐라.

사람을 만나면 상황에 맞게 대접하라.

자신의 행동거지를 바르게 할 수 있도록 예절의식을 길러라.

부모형제자매를 사랑하고 어른을 공경하며 스승을 존경하고 친구에게 신뢰를 줄 수 있는 자세를 갖추어라.

왜냐하면 이러한 『소학』 공부가 어른이 되어가면서 배울 『대학』의 근본이 되기 때문이다. 『대학』에서는 자신을 수양하고 집안 문제를 잘 해결하며 공동체 사회에 기여할 인간을 기대한다. 그렇게 하려면 반드시 어린 시절, 어리석은 시기 때부터 어른이 되기 위한 다양한 내용을 배우고 익혀야 한다. 그래야만 어른이 되어 살아갈 수 있는 지혜, 마음의 안정, 걱정근심을 해소할 능력을 갖출 수 있다. (『소학』「소학서제」)

◆ 우주자연에는 이치가 있다. 그것을 간단하게 원형이정 元亨利貞이라고 표현한다.

원元은 봄에 해당하고 만물의 시초를 상징하며, 도덕적으로는 인仁이 된다. 형亨은 여름에 해당하고 만물이 자라는 것을 상징하며 예禮가 된다. 이利는 가을에 해당하고 만물이 이루어지는 것을 상징하며 의義가 된다. 정貞은 겨울에 해당하고 만물을 거두어들이는 것을 상징하며 지知가 된다. 이런 우주자연의 법칙인 원형이정을 인간은 사회의 도덕 원리인 인의예지로 요청하였다.

인은 도덕적으로 최고선에 해당하고, 의는 옳은 일을 말하며, 예는 절도가 바른 것이고, 지는 지성적 차원으로 자리매김 된다. 이 네 가지 도덕 윤리의 실마리는 의미를 확장하면서 사람의 성질과 품격을 대표하는 인간의 기강에 비견된다.

인의예지仁義禮智의 사단四端은 모든 사람이 다 갖추고 있는 실마리로 본래 착하지 않은 것이 없다. 인간의 본성은 근원적으로 착하다는 말이다. 따라서 사단이 바깥의 사물과 만나면, 인간의 내면에서 느끼고 움직이기 때문에, 내면으로부터 외부로 그 형상을 드러내게 마련이다.

인간의 경우, 부모를 사랑하고 형제자매 사이에 우애롭게 지내는 일과 자신이 속한 공동체의 지도자를 비롯하여 주변의 사람들에게 충실하고, 사회의 여러 어른에게 공손한 행동을 하는 것은 본래 타고난 착한 성품 때문이다. 이 본래 타고난 착한 성품은 사계절의 순환처럼 우주자연의 질서에 따라 펼쳐가야 한다. 상황에 맞지 않게 억지로 자신의 성품을 드러내거나 강제해서는 곤란하다. (이하 『소학』 「소학제사」)

◈ 문제는 세상을 살아가는 사람들이 무지하다는 것이다.

세상에서 경쟁하며 살아가는 사람들의 마음은 물질적 욕망으로 가득하다. 세상이 어떤지 제대로 보지 못할 정도로 마음이 닫혀 있고 눈과 귀가 가리어져 있다. 그러다보니 착한 본성인 인의예지의 근본을 무너뜨리며, 자신을 학대하고 자기를 내버리는 일을 수시로 저질러 왔다. 옛날부터 현인들은 이런 이유 때문에 수많은 사람들을 불쌍하게 생각하여 학교를 만들었다. 그리고 훌륭한 스승을 내세워 교육을 하여, 사람으로서의 근본을 함양하고 점차 사람 구실을 할 수 있게 도왔다.

◆ 『소학』 공부는 일상의 기본예절을 핵심내용으로 담고 있다. 앞에서 언급한 쇄소응대진퇴처럼, 물 뿌리고 쓸어내며 청소하는 것, 사람과 사람 사이에 만나 서로 응대하는 법, 부모에게 효도하고 어른을 공경하여 그 행동이 예절에 거슬림이 없게 하는 일 등이다. 이를 기초로 세상의 다양한 법칙을 연구하고, 자신의 길을 다듬으며, 마음을 바르게 하고 몸을 닦는 것은, 소학 이후의 단계인 대학의 길이다.

대학에서는 사람이 우주자연의 질서를 통해 부여받은 착한 본성을 훤하게 드러내는 작업을 목표로 한다. 착한 본성이 밝게 드러날 때, 내 마음은 내면이나 외면의 구별이 없고, 덕성이 높게 쌓이며, 사업을 넓고 크게 이루게 된다.

사람들이 스스로에게 포악하고 자신을 버리는 일에 무감각한 것은, 인의예지의 착한 본성 자체에 부족함이 있어서가 아니다. 덕성을 높이 쌓고 사업을 넓고 크게 하는 것도 인의예지의 본성이 넘쳐흘러서가 아니다. 그것은 사람이 타고난 착한 본성이 물질적 욕망에 가려져 있기 때문이다. 이제 그 지나친 물질적 욕망을 걷어내고 본래 착한 본성으로 돌아갈 일만 남았다.

◈ 옛날의 소학 공부가 제대로 되던 시기는 없어진지 오래다. 우리 삶의 훌륭한 모범을 보여주었던 지도층 인사가 사라진지도 오래되었다. 한 마디로 말하면, 전통적인 소학의 교육양식은 현대사회에서 찾아보기 힘들다.

그렇다고 가만히 앉아 있을 수는 없다! 왜냐하면 소학의 가르침이 이 사회에 제대로 실천되지 않을 경우, 더욱 심각한 문제가 발생할 수 있기 때문이다. 지역사회마다 나라마다 아름다운 풍속이 사라질 수 있고, 도덕윤리가 무너져 착한 사람이 점점 적어질 수 있다. 사람들 대부분이 이익과 탐욕, 물질적 욕망에 사로잡힐 수 있고, 비

윤리적인 풍조가 만연할 수도 있다.

그래도 다행인 것은, 사람 본연의 성품은 늘 착한 그대로라는 점이다. 그것만이 희망이다. 우리는 그 희망의 끈을 잡고, 시대를 추동해야 한다. 자신이 어리석다고 생각하는 사람들이여! 현대적 의미의 『소학』 공부를 고민하자.

◈ 옛날에는 어린 시절에 다음과 같이 공부했다고 한다.

아이가 태어났을 때는, 아이를 제대로 돌볼 수 있는 보모保姆를 둔다. 보모는 그 성격이 반드시 너그럽고 여유가 있고, 인자하고 은혜로우며, 온화하고 어질며, 공손하고 조심하며, 삼가고 말이 적은 사람이어야 한다. 그래야 아이를 제대로 보살피며 아이의 스승 노릇을 잘할 수 있다.

아이가 제 스스로 밥을 먹을 수 있게 되면, 손으로 수저를 잡고 먹을 수 있도록 가르친다. 말을 할 수 있는 시기가 되면, 어린이 집에서 보육을 하듯이, 아이의 자질과 특성에 맞게 가르친다.

6세가 되면, 숫자나 동서남북 등 방위의 명칭을 가르친다. 오늘날로 비유하면, 유치원 교육에 해당한다.

7세가 되면, 아이들이 성별을 구분하며 자신의 정체성에 대해 인식할 수 있다. 이때 남자 아이와 여자 아이는 자리를 함께 하지 않기도 하고 음식을 먹을 때도 여러 요소들을 고려한다. 오늘날로 보면 초등학교에 입학할 무렵의 생활 공부를 시작한다.

8세가 되면, 문밖으로 출입할 때의 예절, 자리에 나아가는 예절, 음식을 먹을 때의 예절 등을 가르친다. 이때 반드시 어른과 함께 있을 때는 어른의 뒤에 서고 어른보다 나중에 음식을 먹는 등, 겸양하는 태도를 기를 수 있게 한다. 오늘날로 보면 초등학교 저학년 수준의 공부다.

9세가 되면, 날짜 세는 법을 가르친다. 이 또한 오늘날로 보면 초등학교 저학년 수준의 공부다.

이처럼 예전에는 10세 전후까지는 남자 아이나 여자 아이 모두, 집안에서 일상생활에 필요한 간략한 예의를 배웠다. 그러나 10세 이후의 공부, 오늘날로 보았을 때 초등학교 고학년 수준에 이르면 공부의 내용이 다른 차원으로 전환된다. (이하 『예기』 「내칙」 및 『소학』 「입교」)

◈ 옛날 남자의 평생 동안 공부는 다음과 같다.

10세가 되면, 집안의 보모 품에서 벗어나 바깥의 학교로 나가게 된다. 흔히 말하는 서당의 스승에게 나아가 배운다. 어릴 때와 달리 집안의 바깥에서 거처하고 잠자며, 글자와 글씨 쓰기 등의 육서六書와 셈하는 방법을 배운다. 본격적인 지식교육의 단계로 들어가는 것이다.

이때 지나치게 따스한 비단옷을 입어 졸음이 오게 해서는 안 된다. 요즘에 비유하면 공부하는 데 방해가 될 수 있는 명품은 입지 않는다. 예의는 아침저녁으로 어린이에게 맞는 행동을 배우되, 간략하면서도 상식적인 내용을 몸에 배도록 익힌다.

13세, 오늘날로 비견했을 때 중학교 수준이 되면, 음악을 배우고 시를 외우며, 청소년 수준에 적합한 곡조에 맞춰 춤추는 것을 배운다.

15세, 중학교 고학년 혹은 고등학생 수준의 청소년이 되면, 이 시기 청소년 수준에 적합한 곡조에 맞춰 춤추는 것을 배우며, 활 쏘는 방법과 말 다루는 방법 등 성인이 되기 전 단계에 맞는 수준 높은 공부를 한다.

20세 무렵의 성인이 되면, 관례冠禮를 하여 본격적인 성인으로서의 예의를 배운다. 관례는 오늘날의 성년식(성인식)에 해당한다. 털옷이나 비단과 같은 명품을 입고, 홍수를 극복하고 하천의 물길을 바로 잡아 나라를 잘 다스렸다는 우禹임금의 음악인 대하大夏를 익히고, 그에 따라 춤추는 법을 배운다. 효도와 공경을 다하고, 널리 배우되 가르치려고 달려들지 않으며, 내면에 아름다움을 쌓아가되 함부로 외면으로 표현하지 않는다.

30세가 되면, 결혼을 하여 아내를 두고, 남자로서 해야 할 일을 한다. 널리 배우되 하나의 전공에만 매몰되지 않으며, 친구에게 공손히 하되 그가 어떤 인생을 살 의도를 지니고 있는지 그의 뜻을 살핀다.

40세가 되면, 지금까지 배운 공직자로서의 자세와 정치적 역량을 펼치기 위해 공직에 나아간다. 공직자로서 어떤 일을 하게 될 때는 반드시 그에 부합하는 계책을 내고 생각을 펼친다. 도리에 합당하면 열심히 일하고, 일을 할 수 없는 상황이면 공직을 그만두고 떠나간다.

50세가 되면, 지도급 인사가 되어 주요 부서의 업무를 주관한다.

70세가 되면, 공직에서 물러나 후배 지도자들에게 일을 맡기고 퇴직한다.

◈ 옛날 여자의 평생 동안 공부는 다음과 같다.

10세가 되면, 여자는 남자와 달리 집밖에 나가지 않는다. 대신, 여자 스승에게 별도의 교육을 받는다. 옛날 지도층 집안의 풍습은 여자가 바깥으로 돌아다니는 것을 허용하지 않았기 때문에 현대사회와는 여러가지 측면에서 차이가 있다.

여자 아이는 말을 상냥하게 하고 용모를 부드럽게 하여 어떤 일이 주어지면 그것을 듣고 따를 수 있게 한다. 삼과 누에고치에서 실을 뽑는 방법, 비단을 짜고 둥근 끈을 짜서 의복을 장만할 수 있는 능력을 기른다. 또 조상들의 제사에 필요한 술과 초, 그릇, 김치와 젓갈 등을 마련하여 어른을 도울 수 있도록 집안에서의 예의를 가르친다.

15세가 되면, 비녀를 꽂는 예식을 한다. 이는 남자의 관례처럼 오늘날 성년식에 해당한다.

20세가 되면, 결혼을 한다. 그런데 부모가 돌아가시는 등 집안에 큰 일이 있을 때는, 집안일을 마무리하고 3년

후인 23세에 결혼을 한다.

◈ 생각이 합리적이고 훌륭한 사람과 어울린다면, 약간의 공부를 하여 자기를 알리고 조그마한 명예를 얻을 수는 있다. 그러나 여러 사람에게 신임을 얻어 그들의 마음을 움직이기에는 부족하다.

자기 스스로 홀로 공부를 하면, 자아실현이나 자기완성이라는 측면에서 어느 정도 공부가 되겠지만, 타인과의 관계나 사회적 측면에서 적극적으로 활동하기에는 아직 미비한 점이 있다.

현명한 사람에게 가서 배우고, 나와 관계가 조금 먼 사람일지라도 그들의 마음을 헤아려 살핀다면, 여러 사람의 마음을 움직일 수는 있다. 그러나 조직공동체 모두에게 감동을 주기에는 부족하다. 타인에게 나아가 배우면 타자에 대한 이해와 배려를 통해 여러 사람의 신임을 얻는다는 장점은 있다. 하지만 지도자가 되기 위해서는 자기를 완성하고 타인을 배려하는 공부가 동시에 이루어져야 한다.

사회지도층 인사는 많은 사람들에게 감동을 주고 아름

다운 문화를 창출해야 한다. 그러기 위해서는 반드시 여러 사람과 어울리며 그들의 삶이 어떠한지 깨우치고, 지도자로서 할 일을 몸에 배게 하는 배움을 바탕으로 삼아야 한다. (이하 『예기』 「학기」)

◆ 거친 돌덩어리는 깎아서 다듬지 않으면 매끌매끌한 그릇이 되지 않는다. 사람은 깨우치고 배우지 않으면 인간의 길이 무엇인지 알지 못한다. 그러므로 옛날에 왕이 나라를 세우고 백성을 다스릴 때 가르침과 배움을 가장 먼저 실천했다. 처음과 끝을 생각하고 언제나 배움에 힘써라!

◆ 아무리 좋은 먹거리가 있더라도 먹어보지 않으면, 그 맛을 알지 못한다. 아주 훌륭한 삶의 방식이 있다 하더라도 배우지 않으면, 그 훌륭함을 알지 못한다. 배운 다음에야 무엇이 부족한지 알고, 가르친 다음에야 애로사항이 무엇인지를 안다. 부족함을 깨우친 후에 스스로 반성할 수 있고, 애로사항을 깨달은 후에 스스로 힘쓸 수 있다. 그러므로 가르치고 배우는 작업은 서로가 서로를 북돋아 주고 격려해 준다. 가르침이 배움의 절반이다!

2. 사람다움의 길
― 목표를 구체화 하라

◆ 한 사회를 이끌고 갈 지도자가 될 사람이 깨우치고 배워
   야 하는 공부의 원리와 체계는 다음과 같다.
   첫째, 자신의 순수하고 착한 심성心性을 깨닫고 그것을
   밝혀라!
   둘째, 자기 수양을 바탕으로 타인을 이해하고 배려하며
   조화로운 사회관계를 만드는 데 힘쓰라!
   셋째, 자신의 착한 심성 수양을 바탕으로 타인과 어울리
   며, 사람 사이의 조화로운 관계를 일상생활에서 지속하
   라! (이하 『대학』 「경문」)

◆ '사람 사이의 조화로운 관계를 일상생활에서 지속하는
   일'이 아름다운 공동체를 가꾸어 가는 바탕임을 알아야

한다. 그래야 사회 구성원들이 자기 삶의 방향을 정할 수 있다.

사람은 삶의 방향을 정한 다음에 마음을 차분하게 가라앉힐 수 있다. 마음이 차분하게 가라앉은 다음에 몸가짐을 편안하게 할 수 있다. 몸가짐을 편안하게 할 수 있어야 깊이 생각하여 맡은 일을 정확하고 합당하게 처리할 수 있다.

깊이 생각하여 맡은 일을 정확하고 합당하게 처리한 다음에, '사람 사이의 조화로운 관계를 일상생활에서 지속'하는 삶의 양식을 확연히 터득할 수 있다.

◈ 모든 사물에는 중심과 주변이 있다. 다시 말하면 가장 기본적이고 핵심인 것과 이를 보조하거나 풍부하게 만드는 주변에 해당하는 것이 있다.

모든 일에는 완료되는 영역과 시작되는 영역이 있다. 매 단위별로 순환하는 가운데 처음과 끝의 구분이 있는 것이다.

그러므로 핵심부와 주변부에 해당하는 것이 무엇이고, 완료와 시작의 영역이 언제 어떻게 진행되는지 깨달을 필요가 있다. 이것이 정확하게 판단되면, 먼저 실천하고 나중에 실천해야 하는 일의 우선순위를 알게 된다. 이런 정도의 수준이 되어야, 사람답게 사는 것이 어떠한지, 그 길이 보이기 시작한다.

◈ 한 사회의 지도층 인사는 자신의 순수하고 착한 심성을 세상에 밝히고, 그것을 바탕으로 세상 사람도 저마다의 착한 심성을 밝힐 수 있도록 도움을 주어야 한다. 그러기 위해서는 다음과 같은 삶의 원리를 터득해야 한다.

첫째, 먼저 자신이 속한 큰 공동체 조직, 예를 들면 대한민국 사회에 어떻게 기여할 수 있을지, 자신의 지도력 발휘 여부를 깊이 생각해야 한다.

둘째, 큰 조직에서 지도력을 발휘하려면, 그에 앞서 자기가 속한 작은 조직, 친인척과 연관되는 가문의 일이나 이웃사촌과 함께하는 마을 공동체에서의 역할을 고려해야 한다.

셋째, 작은 조직에서 지도적 역할을 하려면, 그에 앞서 자기 수양을 철저히 해야 한다.

넷째, 자기 수양을 철저히 하려면, 그에 앞서 마음을 바르게 해야 한다. 왜냐하면 마음을 바르게 해야 착한 행동을 하게 되고, 마음을 바르게 먹지 않으면 행동이 나쁘게 드러나기 때문이다.

다섯째, 마음을 바르게 하려면, 그에 앞서 삶의 목적의식을 진실하게 해야 한다.

여섯째, 삶의 목적의식을 진실하게 하려면, 그에 앞서 올바른 삶을 위해 어떻게 해야 하는지 지식과 지혜를 모두 동원하여 최선을 다해야 한다.

일곱째, 이때 지식과 지혜를 모두 동원하는 작업은 세상 이치를 하나하나 따지고 캐묻는 데서 시작된다.

◈ 인간이 사람답게 살기 위한 올바른 삶을 위한 공부 양식은 다음과 같다.

첫째 단계, 세상 사물의 이치를 하나하나 따지고 캐물어 터득하여 지식과 지혜를 갖춘다.

둘째 단계, 지식과 지혜가 갖추어진 다음, 삶의 목적의식을 진실하게 한다.

셋째 단계, 삶의 목적의식이 진실하게 된 다음, 마음을 바르게 한다.

넷째 단계, 마음이 바르게 된 다음, 자기 수양을 철저하게 한다.

다섯째 단계, 자기 수양이 철저하게 된 다음, 작은 조직에서 지도적 역할을 한다.

여섯째 단계, 작은 조직에서 지도적 역할을 한 다음에 큰 조직에서 지도력을 발휘한다.

일곱째 단계, 큰 조직에서 지도력을 발휘했다면, 온 세상과 인류의 삶을 편안하게 하는 데 기여한다.

◆ 인간다운 올바른 삶을 살기 위해, 최고위층 지도급 인사로부터 보통 사람에 이르기까지 우리 모두에게 가장 중요한 것은, '자기 수양'을 삶의 기본 바탕으로 해야 한다는 점이다.

◆ '자기 수양'이라는 기본 공부에도 충실하지 않으면서, 그 이외에 부차적인 일을 제대로 처리하는 사람은 없다. 자기가 속한 작은 조직에서 풍족하게 만들어야 할 것을 형편없이 부족하게 하는 사람이, 지금 부족한 것에 대해 풍족하게 만들려고 노력하는 것을 보기가 쉽지 않다.

3. 인생 공부의 단계
─ 뜻을 세워 나아가라

◈ 옛날에 삶의 뜻을 세우고 공부를 시작하는 단계에서 공통적으로 하는 말이 있다.

자신의 착한 심성을 진정으로 밝히라!

태어나면서부터 주어진 착한 심성을 살펴라!

이는 모두 사람이 자기 스스로 착한 심성을 밝히는 일에 관한 언급이다. (『대학장구』「전1장」)

◈ 옛 글에 보면, 수많은 임금들이 자신을 돌아보며 마음을 새롭게 다지거나 지도력을 발휘하기 위해 다음과 같이 다짐했다고 한다.

진정으로 지난날의 잘못을 뉘우치고 뉘우치면서 어느날 새로워졌거든, 나날이 새롭게 하고 또 나날이 새롭게 하라!

스스로 새롭게 혁신하려고 노력하는 백성을 떨쳐 일어
나게 하라!

아주 오래된 나라라고 할지라도 혁신을 위해 노력하면
그 나라는 번영의 길로 들어서는 새로운 나라가 된다.

그러므로 사회지도층 인사는 스스로 착한 심성을 밝히
고, 다른 사람의 마음을 이해하고 배려하며, 사람 사이에
조화로운 관계를 이루는 데 애쓴다. (『대학장구』 「전2장」)

◈ 옛날 사람들은 자기의 심성을 수양하고 타자를 위한 배
려를 일상생활에서 지속적으로 실천하는 모습을 다양
하게 노래하였다.

지도자가 사는 서울 주변/ 사람들이 모여들어 머물러
산다네/ 꾀꼴꾀꼴 우는 저 꾀꼬리/ 언덕 골짜기 울창한
숲에 앉았네/ 깊고 원대한 덕을 지니신 왕이시여/ 아아,
항상 착한 심성을 밝히시고 경건한 자세로 머무시네

이런 노래는 지도층 인사가 어떤 자리에 있건 자신의

자리에서 합당하게 행동했음을 의미한다. 임금이 되어서는 백성을 사랑하는 마음으로 정치를 하고, 신하로 있었을 때는 최선을 다해 경건하게 자신의 직책을 수행했으며, 자식은 부모에게 효도를 다하고, 부모는 자식에게 내리사랑을 다하며, 사람과 사귈 때는 신뢰를 갖게끔 했다.

또 지도자를 위한 이런 칭송의 노래도 있다.

저 기수의 물가를 보라/ 대나무들이 우거져 있네/ 우아한 자태를 뽐어내는 훌륭한 사람/ 끊어 놓은 듯 다듬어 놓은 듯하며/ 쪼아 놓은 듯 갈아 놓은 듯하다/ 묵직하고 꿋꿋하며 환하고 의젓하네/ 우아한 자태를 뽐어내는 훌륭한 사람/ 끝내 잊지 못하리라

여기에서 '끊어 놓은 듯 다듬어 놓은 듯하다'는 표현은 지도자가 학문에 힘썼음을 말한다. '쪼아 놓은 듯 갈아 놓은 듯하다'는 표현은 지도자가 자기 수양에 충실하였음을 말한다. '묵직하고 꿋꿋하다'는 표현은 인품이 고결하고 위엄이 있다는 말이고, '환하고 의젓하다'는 표

현은 모습이나 자태가 고귀하고 품위 있다는 말이다.
'우아한 자태를 뿜어내는 훌륭한 사람! 끝내 잊지 못하
리라'는 것은 최고의 인품을 갖추고 자기 수양과 타자
배려를 일상생활에서 실천하고 있는 지도자에 대해 사
람들이 잊지 못하는 마음이다.

또한 이전 지도층 인사들에 대한 추모와 흠모의 노래도
있다.

아아, 이전의 임금을 잊지 못하네!

지도층 인사들은 이전의 지도자들이 행했던 훌륭한 정
치를 슬기롭게 받아들이고 그들이 베풀었던 것을 본받
아 실천했다. 동시에 사람들도 이전의 지도자들이 편안
하게 해준 것을 바탕으로 편안하게 잘 살았고, 이전의
지도자들이 이로움을 준 것을 바탕으로 여유롭게 살았
다. 때문에 이전의 지도자들이 저 세상으로 돌아가고 없
는 지금에도 그 은덕이나 공적을 잊지 않고 그들을 추
앙한다. (『대학장구』 「전3장」)

◈ 공자는 인간 사회에서 가능하면 송사訟事를 하지 않도록
당부했다. 그것은 진실과 연관된다. 진실하지 않은 사
람은 자신의 거짓된 주장을 끝까지 펴지 못한다. 왜냐
하면 지도자의 철저한 자기 수양이 일반 사람들의 심성
을 두렵게 하기 때문이다. 이런 상황을 인간이 살아가는
데 무엇이 중요한지, 그 '근본을 안다'라고 하는 것이다.
(『대학장구』「전4장」)

◈ 앞부분의 「경문」에서 '지식과 지혜를 모두 동원하는 작
업은 세상 이치를 하나하나 따지고 캐묻는 데서 시작된
다'라고 했다. 이는 사람이 지식과 지혜를 갖추려면, 세
상에 나아가 이치를 따지고 캐물어야 한다는 말이다.
사람의 마음은 아주 영특하다. 때문에 세상을 모두 알
수 있는 능력이 있다. 세상의 모든 일에는 나름대로의
이치가 있다. 문제는 사람이다. 인간은 세상의 이치를
모두 캐물어 들어가지 않는다. 때문에 지식과 지혜를 제
대로 갖추지 못한다. 그러므로 『대학』을 처음 가르칠 때
반드시 배우는 사람에게 세상의 구체적인 일에 나아가
서 이미 알고 있는 사물의 이치를 바탕으로 하여, 더욱

따지고 캐물어 완전한 데 도달하기를 갈망해야 한다.

이렇게 오래도록 노력하여 공부하면, 어느 날 갑자기 세상을 환하게 꿰어 통하게 되고, 세상 일의 겉면과 속살, 자세한 것과 성긴 것을 제대로 인식할 수 있다. 그러면 내 마음이 철저하게 수양 되어 훤하게 드러나게 된다. 이것이 세상 일을 따지고 캐물어 이치가 구명되고, 완전한 지식과 지혜를 갖춘 상태다. (『대학장구』 「전5장」)

◆ '삶의 목적의식을 진실하게 갖추어야 한다'는 것은 '스스로를 속이는 일이 없어야 한다'는 말이다.

나쁜 냄새를 싫어하는 듯, 좋은 색을 좋아하는 듯 하는 것, 이것을 스스로 만족한다고 한다. 그러므로 어른으로서 지도층 인사는 반드시 혼자 있을 때 마음을 다잡고 몸가짐을 신중하게 한다.

세상 욕망에 찌든 소시민들은 할 일 없이 혼자 있을 때, 남이 보지 않는 틈을 이용하여 못된 짓을 여기저기서 저지른다. 그러다가 어른스러운 훌륭한 사람을 보면, 굽실굽실 거리며, 언제 그랬냐는 듯이 시침을 떼고 나쁜 짓을 감추고 착한 행동을 한 것처럼 보이려고 한다. 하지만, 세상 사람들의 눈은 무섭다. 사람들이 자기를 보는 것이 폐와 간을 보듯이, 속을 훤하게 들여다보고 있다. 착한 체 한들 무슨 소용이 있겠는가?

이런 상황에 대해, '내면에서 진실하게 하면 겉으로 드러나게 된다'라고 하는 것이다. 그러므로 어른스러운 훌륭한 사람은 반드시 혼자 있을 때 마음을 다잡고 몸가짐을 신중하게 한다.

세상은 절대 호락호락하지 않다. 열 사람의 눈이 당신을 보고 있다. 열 사람이 손가락으로 당신을 가리키고 있다. 모두에게 개방되어 있는 생활 속에서, 우리는 진정으로 세상을 두려워해야 한다!

집안에 재물이 많으면 화려하게 집을 꾸밀 수 있고 생활이 넉넉하게 된다. 마찬가지로 사람의 인성과 품격이 훌륭하면 겉으로 드러나는 몸가짐이나 행실이 빛나고 숭고하다. 마음이 열리고 넓어지면 몸도 편안하고 느긋하다. 그러므로 어른스러운 훌륭한 사람은 반드시 삶의 목적의식을 충실하게 갖춘다. (『대학장구』「전6장」)

◈ 자기 수양의 바탕은 마음을 바르게 하는 데 있다.

노여워하는 마음을 묻어 두면 마음을 바르게 지닐 수 없다. 두려워하는 마음을 묻어 두면 마음을 바르게 지닐 수 없다. 기뻐하는 마음을 묻어 두면 마음을 바르게 지닐 수 없다. 근심 걱정하는 마음을 묻어 두면 마음을 바르게 지닐 수 없다.

마음에 두지 않으면 보아도 보이지 않는다. 들어도 들리지 않는다. 먹어도 그 맛을 알지 못한다. 이것을 두고, '자기 수양이 마음을 바르게 하는 데 있다.'라고 한다.

(『대학장구』 「전7장」)

◆ 작은 조직에서 지도자 역할을 수행하는 것은 자기 수양을 철저히 하는 데 있다.

이는 다음과 같은 일을 경계하는 데서 시작된다. 보통 사람은 자기와 친하고 사랑하는 사람에게 치우친다. 자기가 천대하고 미워하는 사람에게 치우친다. 자기가 두려워하고 존경하는 사람에게 치우친다. 자기가 가엾게 여기고 불쌍히 여기는 사람에게 치우친다. 자기가 거만을 떨고 무시하는 사람에게 치우친다. 그러므로 이러한 보통의 정서나 감정을 조절하는 것이 매우 중요하다.

좋아하면서도 그 사람의 나쁜 점을 알고 있고, 싫어하면서도 그 사람의 아름다운 점을 알아주는 사람. 그런 사람은 세상에 많지 않다. 왜냐하면 대부분의 사람은 극단적으로 한 쪽으로 치우치기 쉽기 때문이다.

그러므로 속담에 이런 말이 있다.

"보통 사람은 자기 자식의 단점을 모르고, 자기 밭의 곡식이 남의 것보다 크게 잘 자랐다고 생각하지 않는다."

이것을 두고, "작은 조직에서 지도자 역할을 수행하는 것은 자기 수양을 하는 데 있다"라고 말한다. (『대학장구』 「전8장」)

◈ 큰 조직에서 지도자 능력을 발휘하려면 작은 조직에서 지도자 역할을 수행한 경험이 있어야 한다.

이는 '작은 조직의 질서를 제대로 잡지 못하고 다른 작은 조직의 질서를 잡는 사례가 없기' 때문에 한 말이다. 지도적 능력을 갖춘 사람은 자신이 속한 작은 조직을 벗어나지 않고도, 그보다 큰 조직의 질서를 잡는 방법을 알고 있다. 그것은 위대한 인품에서 우러나오는 힘이다. 집안에서 부모에 대한 효도는 나라에서 지도자를 섬기는 바탕이 된다. 형제 사이의 우애는 사회의 연장자나 선배를 섬기는 바탕이 된다. 집안에서 자녀나 아랫사람에게 베푸는 내리사랑은 지도자가 구성원들에게 베푸는 사랑의 바탕이 된다.

옛날부터 왕들이 백성을 보살필 때, '갓난아이를 돌보듯이'했다. 지도자는 마음으로부터 진실하게 자기를 수양하고 다른 사람을 배려하는 정신을 다져야 한다. 그러면 조직을 관리하는 데 꼭 들어맞지는 않더라도 그다지 멀거나 틀리지는 않을 것이다. 아직 자식을 낳지도 않았는데, 자식 기르는 법을 모두 배운 뒤에 결혼하는 사람이 어디 있겠는가? (이하 『대학장구』 「전9장」)

◈ 한 지역사회에서 사랑하는 마음을 지닌 기풍이 있으면, 나라 전체가 사랑하는 마음의 기풍이 일어난다. 한 지역사회가 겸양의 예를 잘 갖추고 실행하면, 나라 전체가 겸양의 예를 갖추는 기풍이 일어난다. 지도자 한 사람이 탐욕스럽게 이권을 챙기면, 그 지역사회나 나라의 모든 사람들도 탐욕스럽게 이익을 탐하여 공동체 전체가 혼란에 빠질 수 있다. 안정이냐 혼란이냐의 동기부여가 이

런 차원이다. 이런 상황을, '지도자 한 사람의 잘못된 말한 마디가 나라를 혼란에 빠트리기도 하고, 지도자 한 사람의 훌륭한 인품이 나라를 안정시키기도 한다'라고 표현한다.

◈ 요임금이나 순임금처럼 중국 고대의 제왕 중 최고로 추앙받는 훌륭한 지도자는 세상을 사랑하는 마음으로 정치를 했다. 그러자 사람들이 잘 따랐고, 자신들도 사람을 사랑하는 마음으로 인품을 높이려고 했다. 반대로 폭군의 대명사로 불리는 하나라의 '걸桀'왕과 은나라의 '주紂'왕이 세상을 포악하고 잔혹함으로 정치를 하자, 사람들이 따르기는 하였으나 그들도 지도자를 따라 포학무도하게 되었다. 지도자가 포학무도한 짓을 좋아하고 행하면서 사람들에게는 사랑하는 마음으로 착하게 살라고 하면 누가 지도자를 따르겠는가?

어른스러운 사람은 자기의 순수하고 착한 심성을 충분히 밝히는 자기 수양을 철저히 한 다음, 다른 사람에게 그 심성의 착함을 요구한다. 자기 몸에 잘못이 없게 한 다음, 남에게 잘못이 있음을 비판한다. 자기가 간직하고 있는 잘못을 용서하지도 못하면서, 남을 이해하고 배려하며 깨우치는 자는 없다. 그러므로 '큰 조직에서 지도자 능력을 발휘하려면 작은 조직에서 지도자 역할을 수행해야 한다'라고 하는 것이다.

◇ '온 세상과 인류의 삶을 편안하게 하는 일은 큰 조직에서 지도자의 능력을 발휘하는 데 있다'라는 말의 뜻은 아래와 같다.

조직에서 지도력을 발휘하는 지도자가 자기 집안의 연로하신 어른을 어른으로 잘 모시고 섬기면, 그 조직의 사람들이 그것에 감화되어 효도하는 기풍을 일으키게 된다. 지도자가 집안의 연장자들을 연장자로 대접하면, 그 조직의 사람들이 그것에 감화되어 공경하는 기풍을 일으키게 된다. 지도자가 조직 공동체의 어려운 사람들, 고아나 홀아비, 과부 등, 사회적 약자에 대해 배려하면, 그 조직의 사람들이 그것에 감화되어 자신들의 지도자를 배신하지 않는다. 그러므로 어른스러운 인품을 지닌 훌륭한 지도자는 자로 물건을 재듯이, 사람들이 어떻게 살아가는지, 그 상황을 마음으로 헤아려 반듯하게 만드

는 '혈구絜矩'의 도리를 지니고 있어야 한다. (이하 『대학
장구』「전10장」)

◆ 내가 아랫사람으로 있을 때, 윗사람의 권위적이고 폭압
적인 태도가 정말 싫었다. 입장이 바뀌어 내가 윗사람이
되었다. 그런 무례한 태도로 아랫사람을 지도해서 되겠
는가? 내가 윗사람으로 있을 때, 아랫사람이 충실하지
않은 태도로 근무했다. 이제 내가 아랫사람이 되었다.
그런 게으른 태도로 윗사람을 대접해서야 되겠는가? 내
가 뒤에서 따라 갈 때, 앞사람을 툭툭 치며 나아갔다. 앞
사람은 그것을 매우 싫어했다. 그런데 내가 앞에서 갈
때, 뒷사람이 똑같이 그렇게 툭툭 치면 좋겠는가? 내가
앞에서 갈 때 뒷사람을 무시하며 홀대했다. 내가 뒤에서
따라 갈 때 앞사람이 그렇게 하면 좋겠는가? 내가 왼 쪽
에 있을 때 오른쪽 사람을 쓸데없이 건드리며 나쁜 짓
을 일삼았다. 내가 오른 쪽에 있을 때 왼 쪽 사람이 그러
면 좋겠는가? 그런 태도로 사람을 사귀어서는 곤란하
다. 상하전후좌우를 두루 살펴 공평하고 방정하게 틀을
잡는 일. 이것을 '혈구'의 도리라고 한다.

◈ 혈구의 도리를 근거로 지도자나 조직 공동체의 번영을 읊은 노래가 많이 있다.

'즐거울세 우리 님/ 백성의 부모일세'라는 노래는 조직 공동체의 사람이 좋아하는 것을 그 지도자도 좋아하고, 조직의 사람이 싫어하는 것을 지도자도 같이 싫어하며, 일체감이 형성됨을 말한다. 그래야만이 지도자는 그 조직에서 사람들의 부모 노릇을 하며 지도력을 발휘할 수 있다.

'깎아지른 저 남산/ 바위가 우뚝우뚝하네/ 혁혁한 지도자여/ 백성이 모두 그대를 바라보네'라는 노래는 큰 조직에서 지도자의 능력을 발휘하는 지도자의 자세에 대해 말한 것이다. 특히, 지도자는 조심하고 또 조심스럽게 정치를 하는 데 집중해야 한다. 한쪽으로 치우치게 되면, 지도자 스스로가 조직을 혼란스럽게 만들뿐만 아니라, 조직의 사람들 또한 그를 가만두지 않을 것이고, 심할 경우에는 시해할 수도 있다.

위의 두 노래뿐만 아니라 대다수의 노래는, 사람들의 마음을 얻으면 조직도 번성하고, 사람들의 마음을 잃으면 조직도 혼란스러워 망할 수 있음을 경고한다.

◈ 어른스러운 인품을 지닌 훌륭한 지도자는 먼저 자신의 착한 심성을 밝혀 자기 수양을 철저히 해야 한다. 자기 수양을 철저히 해 놓아야, 그런 지도자를 따라 나라에 사람들이 모여든다. 사람들이 모여야 그들이 경작하며 먹고 살 터전인 땅, 이른 바 국토를 가꾸게 된다. 제 보금자리를 찾은 사람들은 이제 국토를 가꾸어 가면서 부지런히 일을 할 것이고, 그 결과 나라의 국민들이 먹고 살 수 있는 다양한 재물을 생산한다. 즉 국가의 경제를 부흥시키게 된다. 이렇게 나라의 사람들이 생산한 재물인 경제력을 바탕으로, 지도자는 국가를 경영해 나간다.

◈ 한 국가의 지도자에게는 자기 수양을 철저히 하여 지닌 인품, 이른 바 '덕德'이 가장 중요하다. 그래서 덕성을 사회 지도층 인사가 지녀야 할 핵심적인 품성이라고 한다. 경제력인 재물도 중요하지만, 그것이 덕성과 조화를 이룰 때 빛이 나는 것이다. 그래서 재물을 덕성에 비해 주변적이고 보조적인 측면이라고 한다. 나무에 비유하면, 덕성은 뿌리이고 재물은 가지에 해당한다.

지도자가 덕성인 근본을 중요하게 여기지 않고, 주변부

인 재물을 중요하게 여기면, 지도자가 국민들과 다투게 되고, 끝에 가서는 국민들 사이에 서로 갈등과 반목으로 다투고 빼앗는 결과를 낳는다. 이는 지도자가 국가에서 지도력을 발휘하여 화합하기는커녕, 사람들 사이에 갈등을 부추기고 쟁탈하는 기술을 가르치는 것과 마찬가지다.

그러므로 국민들이 열심히 모아 놓은 재물을 지도자 한 사람이 독점적으로 긁어모아 자기를 위해 쓰게 되면, 국민들은 지도자를 믿지 못하고 흩어져 다른 나라로 도망가게 마련이다. 반대로 지도자가 국민들을 위해 재물을 공평하게 나누어 쓰면, 다른 나라의 사람들조차도 그 소문을 듣고 여기저기서 모여들게 마련이다.

때문에 '가는 말이 고와야 오는 말도 곱다'라는 속담도 있듯이, 말이 도리에 어긋나게 입에서 나가면, 도리에 어긋나게 귀에 들어온다. 마찬가지로 재물을 도리에 어긋나게 거두어들이면, 또한 도리에 어긋나게 나가게 마련이다.

◆ 진나라의 지도자였던 목공이 전쟁에서 패한 후, 여러 관

리들에게 다음과 같이 말했다.

여기에 어떤 사람이 있다. 그는 성실하게 꾸준히 열심히 일하기는 하지만 다른 특별한 재주는 없다. 그 마음이 너그럽고 솔직하여 다른 사람을 잘 포용한다. 다른 사람이 가진 재주를 자기가 가진 것처럼 생각하고, 다른 사람이 가진 아름다운 인품과 선비다운 풍모를 자신이 진심으로 좋아하고 칭찬한다. 이런 사람을 등용해야, 그 따스한 포용력으로 국가의 모든 사람을 배려할 수 있고, 국가의 번영과 발전에 이로움이 있다.

반대로, 다른 사람이 재주가 있으면, 이를 시기하고 미워하며, 다른 사람이 가진 아름다운 인품과 선비다운 풍모를 고의로 깎아내리거나 빈정거리는 사람도 있다. 이런 사람은 다른 사람을 포용하지도 배려하지도 못한다. 그러므로 그런 사람을 등용하면, 국민들을 이해하거나 배려하지도 못할 뿐만 아니라, 오히려 나라를 혼란스럽게 만들고 위태롭게 할 수 있다.

◈ 사람을 사랑하는 마음을 지닌 훌륭한 지도자만이, 다른 사람을 시기질투하고 깎아내리며 빈정대는 사람을 공

동체에서 추방하고 유배지로 보내, 공동체에서 더불어 살지 못하게 할 수 있다.

공동체의 발전을 위해, 현명한 사람을 보고도 등용하지 못하거나, 등용을 하더라도 우선적으로 등용하지 않는 것은 '태만'이다. 착하지 않은 사람을 보고도 물리치지 못하거나, 물리치더라도 멀리까지 추방하거나 유배하여 단절하지 못하는 것은 '실수'다.

국민 대부분이 미워하는 것을 그 지도자가 좋아하고, 국민 대부분이 좋아하는 것을 그 지도자가 미워하는 것은, 사람이 지닌 순수하고 착한 심성에 어긋나는 짓이다. 이러한 사람이 지도자가 되면, 반드시 재앙이 자신의 몸에 미칠 뿐만 아니라, 공동체에도 막대한 피해를 주게 된다.

◈ 어른스러운 인품을 지닌 훌륭한 지도자는 지도자로서 가야 할 대원칙이 있다. 그것은 자기 수양을 통해 확보한 '충실'과 타자를 이해하고 배려하는 사람들에 대한 '신뢰'다. 자기충실과 타자에 대한 신뢰를 지킨다면, 국가에서 충분히 지도력을 발휘할 수 있다. 그러나 자신의 지위가 높다는 것만을 자랑하고 사치스럽고 방자하게

행동하면, 결코 한 국가의 지도자가 될 수 없다. 뿐만 아니라, 그런 사람이 지도자가 되면 그 공동체는 반드시 몰락의 길로 접어들 수밖에 없다.

◆ 한 국가의 재물을 생산하는 데 기본 원칙이 있다. 경제 발전에 원리가 있다는 말이다. 첫째, 생산하는 사람이 많고 소비하는 사람이 적어야 한다. 둘째, 생산하는 사람은 빨리 만들고 소비하는 사람은 천천히 써야 한다. 그래야만 항상 재물이 풍족할 것이다.

사람을 사랑하는 마음을 지닌 훌륭한 지도자는 재물을 공평하게 나누어 쓰면서, 국민과 함께 즐기며 자신의 존재를 드러낸다. 반대로 사람을 미워하는 마음을 지닌 포악한 지도자는 자기 육신의 쾌락을 위해 재물을 쓰면서, 국민들이 열심히 일하여 생산한 재물을 노골적으로 거두어들여 사치하고 낭비한다.

지도자가 사람을 사랑하는 마음으로 배려하며 포용하는 것을 좋아하면, 국민들은 그에 합당하게 바른 행동을 실천하게 마련이다. 국민들이 합당하게 바른 행동을 실천하는 데, 지도자가 자기가 맡은 일을 제대로 처리하지 못하는 경우는 없다. 그러므로 공동의 재물인 국가의 경제 문제를 지도자에게 맡기고, 잘 운영하여 바르게 쓸 수 있게 한 것이다.

◈ 노나라의 대부였던 맹헌자가 다음과 같이 말했다.

수레를 모는데 필요한 말을 기르는 귀족 집안, 즉 대부 신분의 집안에서는, 닭이나 돼지와 같이 서민들이 먹고 살기 위해 사육하는 짐승을 길러 돈벌이로 삼아서는 안 된다. 겨울에 얼음을 잘라 저장해 두었다가 상례나 제례 때 쓰는 정도의 귀족 집안, 즉 경이나 대부 신분 이상의 집안에서는, 소나 양과 같이 서민들이 돈벌이로 사육하는 가축을 길러 그들과 이권을 다투어서는 안 된다. 전차 100대를 차출할 수 있는 경제 규모를 지닌 귀족 집안, 즉 경이나 영주처럼 채지를 가지고 있는 집안에서는, 사람들로부터 재물을 가혹하게 거두어들이는 가신家臣을 두어서는 안 된다. 재물을 가혹하게 거두어들이는 가신을 둘 바에야, 차라리 도둑질하는 가신을 두는 것이 낫다.

◈ 한 나라의 지도자가 되어, 국민들의 재물을 혹독하게 거

두어 사치하고 낭비하는데 힘쓰는 것은, 지도자가 속세의 욕망에 찌든 조무래기들을 공직자로 등용하기 때문이다. 그런 조무래기 소인배들에게 나라를 다스리게 하면, 여러 가지 재앙과 폐해가 동시에 나타나게 된다. 여러 가지 재앙과 폐해가 나타난 다음에는, 아무리 유능하고 훌륭한 사람을 등용하고 그것을 고치려 해도, 어찌할 방도가 없다.

한 국가에서 지도력을 발휘하려는 지도자는 자기 육신의 쾌락을 위해 재물을 가혹하게 거둬들여 이익으로 삼는 것을 나라에 이롭다 생각하지 않는다. 합당하게 바르게 행동하며 실천하는 것을 이로움으로 삼는다. 개인적 욕망인 '리利'를 이로움으로 여기지 않고, 국가에 이익을 주는 '의義'를 이로움으로 여긴다.

『대학』 사자성어

1. 明德親民 명덕친민

자기의 착한 마음을 밝히고 타인을 이해하고 배려하라.

『대학』에서 가장 중요한 삶의 원리다. 『대학』「경문」의 재명명덕 재친민(在明明德 在親民)의 두 강령을 줄인 말이다.

2. 修齊治平 수제치평

자신을 수양하고 집안을 반듯하게 가꾸며 나라를 다스리고 인류를 평화롭게 한다.

유명한 수신제가치국평천하(修身齊家治國平天下)의 첫 글자에서 따온 말로 인품을 갖춘 지도자가 나아가야할 지침을 줄여서 하는 말이다.

3. 日新自新 일신자신

일상의 삶을 나날이 새롭게 하고 또 자신을 새롭게 하라.

구일신 일일신 우일신(苟日新 日日新 又日新)에서 따온 말이다. 인생에서 혁신은 자신으로부터 시작하여 다른 사람에게로 영향을 미친다.

4. 切磋琢磨 절차탁마
옥석과 골각을 가공할 때, 끊고 다듬으며 쪼고 갈며 온힘을 쏟아 부어 노력하라.

여절여차 여탁여마(如切如磋 如琢如磨)라는 시구를 줄인 말이다. 이렇게 공부한 사람의 모습은 묵직하고 꿋꿋하며 환하고 의젓하게 우아한 자태를 뿜어낸다.

5. 豁然貫通 활연관통
꾸준히 공부하여 어느 날 갑자기 환하게 꿰뚫어 통하게 된다.

지어용력지구 이일단활연관통언(至於用力之久 而一旦豁然貫通焉)에서 따온 말로, 오래도록 노력하면, 어느 날 하루아침에 세상의 겉면과 속살을 모두 알게 된다.

6. 心廣體胖 심광체반
마음이 열리고 넓어져 몸도 편안하고 느긋하다.

부윤옥 덕윤신 심광체반(富潤屋 德潤身 心廣體胖)에서 따온 말이다. 재물이 많으면 생활이 넉넉하고 화려하듯이 인품도 훌륭하면 행실이 빛나고 숭고하다.

7. 心見聞食 심견문식

어떤 것이건 마음에 두어야 세상을 볼 수 있고 들을 수 있고 맛을 알 수 있다.

심부재언 시이불견 청이불문 식이부지기미(心不在焉 視而不見 聽而不聞 食而不知其味)를 줄인 말이다. 마음에 있지 않으면 보아도 보이지 않고 들어도 들리지 않고 먹어도 맛을 모른다.

8. 絜矩愼德 혈구신덕

곱자로 네모난 것을 재고 헤아려 보듯이 사람들의 상황을 파악하기 위해 훌륭한 인품을 갖추는데 최선을 다해야 한다.

혈구지도 군자선신호덕(絜矩之道 君子先愼乎德)에서 따온 말이다. 세상 사물에 대해 헤아려보는 마음가짐의 중요성을 말한 것이다.

9. 德本財末 덕본재말

사람에게서 인품이 가장 중요하고 재물은 그것을 보조하는 장치이다.

덕자본야 재자말야(德者本也 財者末也)를 줄인 말이다.
자기 수양을 통해 체득한 인품인 덕이 가장 중요하므로
근본이라고 하고, 재물도 중요하지만 그것이 인품과 조
화를 이룰 때 보다 빛나므로 재물을 말단이라고 한다.

10. 以義爲利 이의위리
국가의 정의가 실현되는 의리를 가지고 국가의 발전을 모
색한다.

국불이리위리 이의위리(國不以利爲利, 以義爲利也)에
서 따온 말이다. 공동체의 발전을 위해 일하는 사람은 개
인적 이익을 취하지 않는다. 합당하게 바른 행동을 실천
한다. 개인적 욕망인 '리(利)'를 이로움으로 여기지 않고,
공동체에 이익을 주는 '의(義)'를 이로움으로 생각한다.

◇ 입지(立志)는 '뜻을 세우다'라는 말입니다. 뜻을 의미하는 지(志)는 '마음 심(心)'과 '갈 지(之)'가 합쳐진 글자로 '마음이 가고 싶어 하는 곳'이 어디인지를 지시합니다. 그러므로 입지는 '내 마음이 가고 싶은 곳을 똑바로 정하라!'는 의미입니다.

이 시대를 살아가는 사람은 민주주의 문화를 더욱 성숙하게 만들고 우주첨단 과학기술 문명사회에 현명하게 대처하기 위해, 시대정신에 맞는 입지를 해야 합니다.

나는, 그리고 우리는, 어떤 입지를 요청해야 할까요?

◇ 어리석음을 깨치고 어른스럽게 큰 배움으로 나아가는 나의 입지처는

_____

_____ 에 있습니다.

그 이유는 _____

_____ 때문입니다.

◇ 내가 살고 싶은 입지처(立志處)! 그것은 내가 속한 공동체 조직에 어떤 기여를 할 수 있을까요? 나아가 인류사회에 어떤 흔적을 남길 수 있을까요?

明	德	親	民				
修	齊	治	平				
日	新	自	新				
切	磋	琢	磨				
豁	然	貫	通				
心	廣	體	胖				
心	見	聞	食				
絜	矩	愼	德				
德	本	財	末				
以	義	爲	利				

제2부
『논어』

사랑;

어떻게 소통할

것인가

사랑을 위한 대화의 장 『논어』

『논어』는 동서고금을 아우르는 인류의 위대한 고전이다. 『논어』는 기본적으로 공자와 그 제자들의 언행을 기록한 저작으로, 이른바 집단지성의 산물이다. 공자의 견해를 직접적으로 드러낸 언표도 있지만, 제자와 소통하는 일종의 대화록 형태를 띤다. 소크라테스나 예수가 대화를 통해 세상 사람들과 소통하듯이, 사랑의 대화를 나눈 어록이다. 이는 공자가 생존했을 당시에 기록되어 저술한 것이 아니라, 공자가 죽은 후, 약 70여 년이 지난 뒤에 편찬한 것으로 추측된다.

『논어』에는 「학이學而」에서 「요왈堯曰」에 이르는 20편이 담겨있다. 각 편의 명칭은 특별한 의미를 지닌 것이 아니라 글의 첫머리를 따서 편명으로 삼았다. 『논어』 20편의 글은 공자의 제자나 그들이 가르친 문인의 기록이라고 한다. 그렇다고 해서 문인 중에서 특정한 사람의 손에 의해 지어진 것도 아닌 듯하다. 또 한꺼번에 저술된 작품으로 보기도 어렵다. 내용이나 문체를 보았을 때 공자에게 직접 배운 제자들의 기록으로만 보기 힘든 점도 많다. 공자 제자의 제자가 기록한 것도 포함되어 있는 듯하다.

분명한 것은 공자의 생각이나 실천을 무게중심에 두고 있다는 점이다. 『논어』는 공자의 기본 사유와 행위를 포괄적으로 담고 있으며, 그의 사상과 사람다움을 추종한 제자들이 저술했다. 다시 말해, 공자를 인간사랑을 주창한 초기 학문의 집대성자로 받들었던 공자학도들의 공동 저술인 것이다.

『논어』의 내용은 광범위하고 다양하다. 각 편과 각 장이 통일성을 띠면서 유기체처럼 얽혀 있기보다 개별적이며 독립적인 것처럼 보인다. 언행의 주제가 논리 정연하게 체계적으로 제시되기보다는 그때그때 생긴 사안에 따라 문답식으로 정리되어 있는 듯 하다. 그렇더라도 일정한 주제에 따라 내용을 분류하려는 편집의도도 엿보인다.

요컨대 개인의 인격 수양이나 사회윤리에 관계되는 교훈, 정치사상, 철학사상, 제자들과 동시대인들을 상대로 사람에 따라 가르침을 달리한 문답, 문인·고인·동시대인들에 대한 비평, 공자 자신에 대한 술회, 공자의 일상생활과 제자들의 공자에 대한 존숭과 찬미 등 다양한 내용을 담고 있다. 이처럼 『논어』의 내용은 일상의 삶을 구가한 것이 대부분이다. 따라서 형이상학적이거나 추상적인 이론을 앞세운 언표는 많지 않으며 대개 현실적이고 구체적인 문제를 거론했다.

『논어』는 인품을 만들어 가는 인류의 위대함을 보여주는 저작이다. 때문에 『논어』의 최대 가치는 사람의 인품을 어떻게 잘 기를 수 있는지를 가르치는데 있다. 인품을 기를 때 가장 중요한 것은 몸소 실천하고 역행力行하여 옛 사람의 가르침을 내 것으로 변화시키는 작업이다. 그 핵심에 인간에 대한 사랑이 자리한다.

『논어』를 반드시 많이 읽으려고 애쓸 필요는 없다. 중요한 것은 인간사랑에 관한 이해다. 한두 마디의 구절이라도 자신의 인품 함양을 위해 사랑을 향한 열정 어린 사유와 실천을 절실하게 받아들일 수 있다면, 그것은 평생을 두고 쓰일 수 있는 보배가 된다. 인간 사랑을 위한 구절이 자신에게 가장 필요한 것인지의 여부는 전적으로 각자의 이해에 달려 있다. 사랑을 나의 몸으로 녹여 넣고 너의 마음으로 전달할 때 훌륭한 인품은 인간이라는 가슴으로 조금씩 다가온다.

1. 배움과 수양
─ 사랑하기 위한 전제를 마련하라

◈ 사람이 평생 살아가는 데 필요한 기예를 배우고 익혀라. 개인적으로 그것만큼 기쁜 일은 없으리라.

자신을 알아주고 함께 의견을 나눌 수 있는 벗이 먼 곳에서 찾아올 때 반갑게 맞이하라. 우리 삶에서 이보다 반가운 일은 없으리라.

남들이 알아주건 알아주지 않건, 자신의 자리에서 자기의 역할과 기능에 충실하며 본분을 다하라. 그것이야말로 참된 사람의 모습이리라. (「학이」1)

◈ 나는 하루에 세 번씩 세 가지 일에 대해 자신을 돌아본다. 첫째, 조직 공동체에서 다른 사람을 위하는 일에 충실하였는가?

둘째, 공동체 사회에서 친구나 동료들과 사귀면서 신뢰를 주었는가?

셋째, 교육에서 스승으로부터 전해 받은 것을 제대로 익혔는가? (「학이」4)

◈ 자신이 가장 좋아하는 마음으로 지혜롭고 현명한 사람을 존경하고, 몸을 다하여 부모를 모셔라. 자기가 속한 조직 공동체를 위해 헌신하고, 친구 동료들과 사귈 때 빈말을 하지 말라. 그런 사람이 있다면, 그가 글을 알지 못한다할지라도, 그 사람은 진정으로 배운 사람이다. 아무리 글을 많이 배웠을지라도 사람 구실을 하지 못하는 인간보다는 수백 배 나은 사람이다. (「학이」7)

◈ 바른 인품을 지닌 사람은 모든 일에 신중해야 한다. 그렇지 않으면 위엄이 없어 보인다. 부지런히 배워서 열린 마음을 지녀야 한다. 그렇지 않으면 고집스럽게 보인다. 어떤 경우에도 충실과 신의를 삶의 무게중심으로 삼고, 학문과 덕성이 나보다 못한 사람을 함부로 쉽게 친구로 사귀지 않으며, 실수한 것이 발견되면 주저하지 말고 바

로 고쳐야 한다. (「학이」8)

◈ 나, 공자는 15세 무렵에 어른으로서 익혀야 하는 삶의 철학을 배우는 데 뜻을 두었다. 그리고 삶의 지혜와 기술이 담겨 있는 『시경』, 『서경』, 『역경』, 『예기』, 『춘추』 등 다섯 경전을 3년에 하나씩 15년에 걸쳐 익혔다.
그리하여 30세 무렵에 삶의 목표가 섰고, 40세 무렵에는 우주자연과 인간세상의 이치와 법칙을 깨달아 어떤 유혹이나 난관에도 쉽게 마음이 흔들리지 않았다.
50세 무렵에는 세상이 어떻게 이루어지는지 그 근원인 자연의 이법과 인생의 사명감을 깨달았다.
60세 쯤 환갑 무렵에는 세상사에 관해 귀로 듣는 것은 무엇이나 훤하게 알아차리게 되었고, 70세 무렵에는 하고 싶은 대로 행동해도 법도에 어긋나는 일이 없었다. (「위정」4)

◈ 현명한 사람은 현실을 발판으로 과거를 살펴본다. 동시에 현실을 바탕으로 미래 세계를 고심한다. (「위정」11)

◈ 사람이 머리로만 배우고 가슴 깊이 생각하여 이성적으

로 따지지 않으면, 제대로 얻는 것이 없다. 단순하게 생각하여 따지기만 하고 온몸으로 배우지 않으면, 세상에서 무엇을 해야 할지 갈피를 잡지 못하고 위태로운 삶을 살 수 있다. 온몸을 다하여 배우고 생각하라. 그리고 온몸을 다하여 생각하고 배워라! (「위정」15)

◈ 아는 것은 안다고 하고, 모르는 것은 모른다고 하라! 그것이 진정으로 아는 것이다. 자신이 모르는 것이 무엇인지 알라. 그리고 자신의 삶에 필요한 것을 탐구하여 보충하라! (「위정」17)

◈ 세상 사람들이 평소 때 하는 말과 하는 일에 관심을 가져라. 먼저, 사람들이 무슨 말을 하는지 많이 들어라. 그 가운데 의심나는 것이 있으면 따르지 말고 잠시 제쳐 놓아라. 그리고 나머지 크게 의심의 여지가 없는 말 가운데 신중하게 가려서 실천하라! 그러면 일상생활에서 잘못하는 일이 적으리라.
다음으로, 사람들이 어떤 일을 하는지 많이 보아라. 그 가운데 확실하지 않은 것 같다고 생각되는 부분은 따르지 말고 잠시 제쳐 놓아라. 그리고 나머지 확실하다고 생각되는 일 가운데 신중하게 가려서 실천하라! 그러면 삶에서 후회가 적으리라.

사람이 하는 말에 잘못이 적고 행동에 후회가 적으면, 어떤 직업을 가지고 일하더라도 생활을 잘할 수 있을 것이다. (「위정」18)

◈ 인품을 갖춘 사람은 다른 사람과 무모하게 경쟁하지 않는다. 불가피하게 경쟁을 해야 한다면 활쏘기와 같이 경쟁이 필요한 게임을 할 때 정도다. 그때에도 게임 규칙에 따라 서로 예의를 갖추고, 활 쏘는 자리에 오르고 활쏘기에서 지면 자리에서 내려와 벌주로 술을 마신다. 그런 절도 있는 경쟁이야말로 인품을 갖춘 지도자의 모습이다. (「팔일」7)

◈ 인품을 갖춘 사람은 세상의 수많은 일을 처리할 때, 한 가지 방법만을 고집하지 않는다. 어떤 방법은 절대 안 된다고 부정하지도 않는다. 그것이 올바른지 아닌지 판단하여, '옳음'이라는 기준에 따라 처리할 뿐이다. (「리인」10)

◈ 사람을 사랑하고 협동하는 성품을 지닌 사람은 외롭지
않다. 반드시 그것을 함께 나눌 이웃이 있기 때문이다.
(「리인」25)

◈ 공자의 제자 염구가 공자에게서 배우다가 느닷없이 이
렇게 말했다.

"선생님이 가시려는 길을 제가 싫어하는 것이 아닙니
다. 제 힘이 모자라 그것을 제대로 실천하지 못할 것 같
습니다."

공자가 그 말을 듣고 다음과 같이 충고했다.

"이 사람아! 힘이 모자라는 사람은 어떤 일을 하건 중도
에 그만두기 마련이야! 자네는 지금, 해 보지도 않고 미
리 할 수 없다고 스스로 한계를 그어 놓고는 실천을 안
하고 있어. 그것이 답답한 노릇이야." (「옹야」10)

◈ 태어나면서 지니고 있는 사람의 본바탕이 후천적으로
가꾼 것보다 강조되면 촌스럽다. 후천적으로 꾸민 것이
본바탕보다 강조되면 사람 됨됨이가 텅 빈 듯 공허하다.
본바탕과 후천적으로 가꾼 것이 함께 어울려야 훌륭한

인품으로 드러난다. (「옹야」16)

◈ 올바르게 살아야 하는 사람의 길이 무엇인지 아는 사람
은 그것을 좋아하는 사람만 못하다. 올바르게 살아야 하
는 사람의 길이 무엇인지 좋아하는 사람은 그것을 즐기
는 사람만 못하다. 그러므로 올바른 삶이 무엇인지 제대
로 알고, 진짜 좋아하면서, 인생을 자연스럽게 즐겨라!
(「옹야」18)

◈ 사람은 인품의 특성에 따라 취향이 다르다. 슬기로운 사
람은 물을 좋아하고, 마음이 열린 사람은 산을 좋아한
다. 슬기로운 사람은 상황에 따라 잘 움직이고 서성거리
며, 마음이 열린 사람은 세상을 고요하게 품는다. 슬기
로운 사람은 경쾌하게 현실적 삶을 즐기고, 마음이 열린
사람은 묵묵하게 수명을 누린다. (「옹야」21)

◈ 인생 공부에서 고민할 것이 많다. 그 중에서도 인품을
갖춘 사람에게 가장 흔하게 나타나는 근심 걱정은 다음
의 네 가지이다. 첫째, 착한 본성을 제대로 닦지 못한 것,

둘째, 학문을 제대로 익히지 못한 것, 셋째, 옳은 일을 듣고도 행동으로 옮기지 못한 것, 넷째, 착하지 않은 일을 하면서 진정으로 고치지 못한 것이다. (「술이」3)

◆ 인생을 멋지게 사는 방법은 많다. 다음과 같은 네 가지 방식을 실천하는 것은 어떤가?

일상생활에서 실천해야 할 사람의 길이 무엇인지 고민하는 데 뜻을 두어 보라.

그것을 터득하여 바른 생활을 하는 곧은 마음을 간직해 보라.

열린 마음으로 사람다운 행동을 하도록 애쓰라.

삶을 예술의 경지로 끌어 올려 흠뻑 빠져보라. (「술이」6)

◆ 깨우침과 배움의 세계는 냉정하다. 그만큼 삶의 비중이 무겁기 때문이다.

깨우쳐 알려고 달려들지 않으면 계발해 주지 않아야 한다. 열정이 없지 않은가!

말로 표현하려고 애쓰지 않으면 일러 주지 않아야 한다. 간절함이 없지 않은가!

한 귀퉁이를 들어 가르쳐 주었는데 세 귀퉁이를 들어낼 만큼 반응하지 않으면 다시 되풀이하여 가르치지 않는다. 진지하게 생각함이 없지 않은가! (「술이」8)

◇ 어찌 보면 인생의 과정에서 모든 사람은 나의 스승이다. 나와 다른 두 사람이 길을 간다고 가정해 보자. 그 가운데는 반드시 나의 스승이 있게 마련이다. 왜냐하면 좋은 사람도 있고 좋지 않은 사람도 있기 때문이다.
좋은 사람에게서는 장점을 가려서 모범으로 삼아 따르면 된다. 좋지 않은 사람에게서는 단점은 가려서 나의 허물을 고치는 거울로 삼을 필요가 있다. 이런 점에서 좋은 사람도 나의 스승이고, 좋지 않은 사람도 나의 스승이 될 수 있다. (「술이」21)

◆ 우주자연과 인간세상의 이치와 법칙을 제대로 파악하지도 못하면서 함부로 말하고 행동하는 사람이 있다. 이 세상을 살면서 그렇게 행동해서는 곤란하다. 우주자연과 인간세상의 여러 사안에 대해 많이 듣고 보다 나은 것을 가려서 따르고, 많이 보고서 마음에 새겨 두면 된

다. 그러면 조금씩 세상을 이해하게 되고 자기 시야도 그만큼 넓어진다. (「술이」27)

◆ 공직자는 반드시 뜻이 넓고 굳세야 한다. 왜냐하면 그가 맡은 임무가 무겁고 갈 길이 멀기 때문이다. 열린 마음으로 사람을 사랑하는 것이 자신의 임무이니 어찌 무겁지 않겠는가? 공직을 그만두거나 죽은 후에야 그 임무가 끝날 것이니, 그 길 또한 멀지 않는가? (「태백」7)

◆ 다음과 같은 네 가지 행동은 정말 인생에 이롭지 않다. 그러니 즐기며 행동해서는 안 된다.
첫째, 자기 뜻만을 우기는 행동.
둘째, 꼭 그렇다고 함부로 단정하기.
셋째, 완강하게 고집 부리기.
넷째, 자기만이 옳다고 여기는 태도. (「자한」4)

◆ 직장에서 업무를 볼 때는 직속상관의 지시에 따라야 한다. 집안에서는 부모와 형, 누나의 말을 들어야 한다. 상을 당했을 때는 정성을 다해 장례를 치러야 한다. 파티

를 할 때는 지나치게 술을 마시고 흥청망청 즐겨 놀면
서 고생하지 않도록 해야 한다. (「자한」15)

◈ 인생을 살아가면서, 공부를 하면서, 다음과 같은 비유에
대해 고민해 보자.

어떤 사람이 산을 만들려고 한다. 흙을 쌓고 쌓아 완성
직전에 이르렀다. 이제 한 자루의 흙만 쏟아 부으면 산
이 만들어진다. 이 지점에서 산 만들기를 그만두면 내가
그만두는 것이다.

어떤 사람이 땅을 평평하게 만들려고 한다. 이제 구덩이
에 한 자루의 흙만 덮고 고르면 땅이 평평해진다. 이때
그 한 자루의 흙을 덮는 것도 내가 나서서 하는 것이다.
모든 성공은 '자신이 어떻게 행동 하느냐', 나의 판단과
노력에 달려 있다. (「자한」18)

◈ 지혜로운 사람은 미혹되지 않는다. 마음이 열린 사람은
근심하지 않는다. 용기 있는 사람은 두려워하지 않는다.

(「자한」28)

◈ 우리는 일상에서 음식을 대할 때 무엇보다도 진지할 필요가 있다. 밥은 곱게 찧은 쌀로 지은 것을 싫어하지 않고, 회는 가늘게 썬 것을 싫어하지 않는다. 밥이 쉬어서 맛이 변한 것과 상한 생선이나 썩은 고기로 요리한 것은 먹지 않는다. 썩지는 않았더라도 음식의 빛깔과 냄새가 변한 것은 먹지 않는다. 삶지 않거나 익히지 않은 음식, 제철이 아닌 음식도 먹지 않는다.

바르게 썰지 않은 고기는 먹지 않고, 재료에 맞게 간을 제대로 맞추지 않아 조리를 잘 못한 음식도 먹지 않는다. 고기반찬이 많이 있어도 주식인 밥보다 많이 먹지 않고, 술을 마실 때는 정한 양은 없으나 술주정을 하며 몸가짐을 흐트러뜨리는 일 없이 알맞게 마실 필요가 있다. 시장에서 아무렇게나 파는 술과 육포는 사 먹지 않고, 악취를 제거하고 비타민 같은 역할을 하는 생강은 물리지 않고 먹으나 많이 먹지는 않는다.

음식을 먹을 때는 먹는 데 집중하지, 서로 말하거나 대답하는 데 신경을 쓰며 마음을 흐트리지 않고, 잠자리에 들어서는 잠자는 일에 몰입하지, 숨을 고르지 못할 정도로 말을 하여 취침을 방해하지 않는다.

잡곡밥이나 나물국처럼, 보잘 것 없는 음식을 먹더라도, 반드시 그것을 먹을 수 있게 한 모든 존재에게 감사의 뜻을 잊지 않고 공경하는 마음을 지닌다. (「향당」9)

◆ 인품을 갖춘 훌륭한 사람은 다른 사람의 장점을 살리고 키워주며, 단점을 고쳐준다. 반면에 속 좁은 조무래기들은 이와 반대되는 짓을 저지른다. (「안연」16)

◆ 인품이 올바르고 온전한 사람은 이득을 보게 되면 그것이 올바른 것인지를 생각한다. 위태로운 일을 당하게 되면 목숨을 아끼지 않는다. 오래 전에 맺은 약속일지라도 평소 그 말을 잊지 않고 믿음직스럽게 행동한다. (「헌문」13)

◆ 인생에서 공부를 할 때, 반드시 알아야 할 것이 있다. 내가 가야할 길에 대한 고민이다. 사람은 자기가 가야할 길을 스스로 넓혀야 한다. 이미 있는 길 때문에 사람이 훌륭한 인품을 갖추는 것은 아니기 때문이다. (「위령공」28)

◆ 인간의 중요한 특징 중의 하나가 생각하는 일이다. 그런

데 생각에만 집착하는 것은 문제다. 하루종일토록 먹지도 않고 밤새도록 자지도 않고 생각한다고 무엇이 나오겠는가? 큰 유익함이 없다. 그것은 오히려 배우는 것만 못한 짓이다. 생각만 하다보면 공상에 빠지기 쉽다. 내 삶에 유용한 것들을 배우며 사는 지혜가 필요하다. (「위령공」 30)

◈ 올바른 인품을 갖추려는 사람은 세 가지 경계해야 할 일이 있다.
첫째, 젊은 시기에는 혈기가 안정되지 않았으므로 성적 욕구를 경계해야 한다.
둘째, 어른이 되어서는 혈기가 마냥 강하므로 다툼을 경계해야 한다.
셋째, 늙어서는 혈기가 시들고 쇠약하므로 무언가 가지려는 욕심을 경계해야 한다. (「계씨」 7)

◈ 올바른 인품을 갖추려는 사람은 세 가지 두려워해야 할 일이 있다.
첫째, 우주자연의 질서와 인간세상의 이치를 두려워해야 한다.

둘째, 훌륭한 인품을 갖춘 사람을 두려워해야 한다.

셋째, 진리의 말씀을 두려워해야 한다.

조무래기 소인배는 우주자연의 질서와 인간세상의 이치를 알지 못하므로 두려워하지 않는다. 때문에 훌륭한 인품을 지닌 사람을 함부로 대하고, 진리의 말씀을 업신여기며 빈정댄다. (「계씨」8)

◆ 사람의 재능은 천차만별이다. 배움의 차원에서 이해하고 파악하는 수준과 단계가 있다.

태어나면서 우주자연과 인간세상의 이치와 법칙을 단박에 파악하는 사람은 가장 뛰어나다. 그것을 열심히 배워서 파악하는 사람은 그 다음 수준의 사람이다. 막히면 애써서 배우는 사람은 또 그 다음 수준의 사람이다. 문제는 막혀도 배우지 않는 사람이다. 모르면 배워서 이해하고 자신의 삶을 이끌어가려고 해야 하는데, 노력하지도 않고 깜깜한 상태로 그냥 가만히 있다. 세상 사람들은 이런 사람을 가장 어리석은 사람이라고 한다. (「계씨」9)

◆ 올바른 인품을 갖추려는 사람은 아홉 가지 생각해야 할

것이 있다.

첫째, 볼 때는 분명하게 보기를 생각하라.

둘째, 들을 때는 명확하게 듣기를 생각하라.

셋째, 낯빛은 온화하게 하기를 생각하라.

넷째, 태도는 공손하게 가지기를 생각하라.

다섯째, 말은 충실히 하기를 생각하라.

여섯째, 일은 신중히 하기를 생각하라.

일곱째, 의심스러운 것은 물어보기를 생각하라.

여덟째, 성이 날 때는 나중에 어려운 일이 밀려 올 것을 생각하라.

아홉째, 이익을 얻을 때는 그것이 올바른 상황인지를 생각하라.

이렇게 갈고 닦은 인품은 훌륭한 지도자의 요건이 된다.

(「계씨」10)

◈ 태어날 때 인간의 본성은 서로 비슷하다. 하지만 세상을 살아가면서 어떻게 공부하며 익히느냐에 따라 서로 달라진다. 열심히 공부하는 것이 고귀한 인품을 확보하는 길이다. (「양화」2)

◈ 공부하며 인품을 가꾸는 방법에는 여러 가지가 있다. 옛
날부터 이런 방법을 많이 써왔다.

첫째, 넓게 배워라.

둘째, 배움을 바탕으로 굳은 의지를 지녀라.

셋째, 간절하게 물어라.

넷째, 생활에 절실한 것부터 먼저 생각하라. (「자장」6)

◈ 일상의 삶은 현실적이고 현장성이 강하다. 장인이나 기
능공은 자신의 작업 현장에서 맡은 일을 완성한다. 지도
자는 사람들이 무엇을 필요로 하는지 깨우치며 현실 정
치를 실천한다. (「자장」7)

◈ 자신이 맡은 일을 열심히 한 다음에 남은 시간이 있으
면 업무 수행에 필요한 것을 배워야 한다. 그래야 발전
이 있다. 열심히 배워서 제대로 알게 되면 자신이 할 일
을 찾으라. 어떤 업무이건 배움을 통해 그 업무 수행 능
력을 갖추는 것이 급선무다. (「자장」13)

2. 소통
― 욕망을 절제하고 사회적 예의를 확보하라

◈ 세상에는 다른 사람이 듣기 좋도록 점잖게 말을 하고, 다른 사람이 보기 좋도록 온화한 얼굴빛을 하는 사람이 많다. 하지만 이런 사람 가운데, 진정으로 사람을 사람답게 대할 줄 아는 인간은 많지 않다. (「학이」3)

◈ 사람 사이의 약속, 공손한 예의, 친근감 등은 일상생활의 윤활유와 같은 것이다. 일을 올바르게 처리하는 사람은 약속을 제대로 실천한다.

공손하게 예의를 차리는 사람은 평소 생활에서 치욕을 당하지 않는다. 사람 사이에 인연을 맺으면서 친근감을 잃지 않을 때, 사람은 서로를 존중할 수 있다. (「학이」13)

◈ 어떤 사람이 지금 무언가를 하고 있다면, 그가 어떤 일을 하고 있는지 한 번 슬쩍 보라. 다음으로 그가 왜 그것을 하고 있는지 자세하게 살펴보라. 나아가 그가 하는 일을 바탕으로 그 사람이 어떤 것에 마음을 두고 편안해 하는지 세밀하게 들여다보라. 그러면 그 사람의 인품을 알 수 있다. 사람은 자신이 하는 일과 그 일을 통해 자신이 좋아하고 편안해 하는 마음을 끝까지 숨기지는 못한다. (「위정」10)

◈ 세상에는 크게 두 가지 부류의 인간이 있다. 훌륭한 인품을 갖춘 인간과 그렇지 못한 인간이다. 인품을 제대로 갖춘 인간은 여러 사람과 두루 소통하며 자기중심의 패거리를 만들지 않는다. 그러나 인품을 제대로 갖추지 못한 조무래기 같은 인간은 자기들 중심의 패거리를 만들고 여러 사람들과 두루 소통하지 않는다. (「위정」14)

◈ 사람이 공동체에서 더불어 살아가면서 공동체의 규율이나 보편적 상식을 일그러뜨리면, 세상 어느 곳에도 도움을 요청하거나 소통할 공간조차 없다. (「팔일」13)

◆ 세상에는 수많은 일들이 존재한다. 중요한 것은 일에 대한 대처 방식이다. 엎질러진 물을 다시 담을 수 없듯이, 이미 저지른 일에 대해 해명하라고 한들 무슨 소용이 있겠는가! 이미 정해져 있어 그렇게 할 수밖에 없는 일에 대해 따져서 무엇 하겠는가! 한참 지난 일을 다시 끄집어내어 책망해서 무엇 하겠는가! 중요한 것은 현재 나에게 주어진 일이다. 현실의 삶에 충실하자! (「팔일」21)

◆ 많은 재물이나 돈, 높은 지위와 권력 등, 이른바 '부귀'는 대부분의 사람이 가지고 싶어 하며 탐내는 것이다. 그러나 정당한 방법으로 얻은 것이 아니라면 그 부귀를 누려서는 안 된다. 가난과 천한 직업, 이른바 '빈천'은 대부분의 사람이 싫어하는 것이다. 하지만 그것이 정당하게 주어진 것이 아니라 사회가 타락하고 부도덕한 무리들이 판을 치는 바람에 어쩔 수 없이 나에게 부과된 것이라면, 피하지 마라. 당당히 맞서라!

훌륭하게 갖춘 인품마저 버린다면, 사람이 사람다움을 어디에서 찾겠는가? 인품을 제대로 갖춘 사람은 밥 먹을 때와 같은 평상시에도 사람답게 행동하고, 다급한 일이 닥쳐도 그러하며, 가난에 넘어지고 좌절하며 뒤집히는 순간에도 그렇게 해야 한다. (「리인」5)

◆ 조직 공동체를 이끌어 가는 지도자를 모시고 있을 때, 아무리 좋은 말일지라도 너무 자주 충고하여 지도자를 귀찮게 만들면, 지도자가 화를 낼 수 있다. 친구와 동료 사이에도 지나치게 자주 충고하여 주변 사람들을 귀찮게 하면, 끝내는 서로 사이가 멀어진다. (「리인」26)

◆ 인생에서 지혜롭게 사는 방법이 무엇일까? 공자의 제자 번지가 그것에 대해 묻자 공자가 다음과 같이 말해 주었다.

"사람들을 잘살게 하는 데 힘을 쏟아야 한다. 선조의 영혼이나 산천의 신을 공경하게 모시되 적절한 거리를 두어야 한다. 그래야 지혜롭게 처신했다고 할 수 있다."

그러자 번지가 다시 착한 마음으로 사람들과 소통하려면 어떻게 해야 하는지 묻자 공자가 일러 주었다.

"사람들에게 착한 마음으로 다가가 소통하려면 이런 마음 자세를 가져야 한다. 어려운 일을 보면 남보다 앞서서 하라. 이익이나 성공, 효과를 거두어들이는 것은 나중에 하는 것이다. 그러면 올바른 인품을 지닌 사람으로 인정받을 수 있다." (「옹야」20)

◆ 사람이 평소에 신중하게 여겨야 하는 것은, 몸가짐 마음가짐을 바르게 하고, 조직 공동체의 흥망성쇠에 대해 고민하며, 자기 몸의 생사가 달린 질병에 관해 대처하는 일이다. 사람이 살아가는데 이보다 중요한 것이 많지 않다! (「술이」12)

◆ 아무리 보잘 것 없는 사람일지라도, 자신의 과거를 청산하고 마음을 바로 잡으며 정직하게 살려고 하면 그 깨끗함을 알아주어야 한다. 지난날의 어두운 기억을 들춰내어 사람의 마음을 가두어서는 안 된다. (「술이」28)

◆ 올바른 인품을 지닌 사람이라면, 강한 신념으로 배우기를 좋아하고, 죽음을 각오하고 자신의 삶에 생명력을 불어넣는다. 위태롭고 기울어져 가는 조직에는 들어가지 않고 어지러운 공동체에서 살지 않는다. 세상이 제대로

질서가 잡히고 잘 다스려지면 나타나고, 세상이 혼탁하고 질서가 어지러우면 조용히 숨어 지낸다.

조직 공동체가 번영하고 제대로 다스려지고 있는데도 물질적으로 가난하고 미천한 자리에 있다면, 이런 사람의 인생은 한심하고 부끄럽다. 세상이 혼탁하고 혼란스러운데 혼자서 물질적으로 부유하고 높은 자리에서 권력을 휘두르고 있다면, 이런 사람의 인생은 더욱 부끄럽다. (「태백」13)

◇ 사람은 누구나 자신의 자리와 직분을 갖게 마련이다. 하지만 어떤 자리를 차지하고 구체적인 일을 맡지 않은 경우라면, 그 일에 대해 이러쿵저러쿵 논의해서는 안 된다. 그것은 자신의 권한 범위를 벗어난 월권 행위다. (「태백」14)

◇ 총명한 사람은 물이 스며들 듯이 은근히 파고드는 모략에 넘어가지 않는다. 피부로 느껴질 듯이 간절한 하소연에도 넘어가지 않는다. 물이 스며들 듯이 은근히 파고드는 모략이나 피부로 느껴질 듯이 간절한 하소연에 넘어

가지 않아야, 인생을 멀리 내다볼 수 있다. 모략과 하소연은 간절하면서 달콤할 수는 있으나, 치아에 충치가 생기듯이 인생을 좀먹는다. (「안연」6)

◈ 훌륭한 인품을 갖춘 사람은 여러 사람과 친애하고 화합하며 소통하려고 한다. 함부로 부화뇌동하며 패거리 짓지 않는다. 그러나 하찮고 속 좁은 사람은 부화뇌동하며 자기들끼리 패거리를 지어 다닌다. 절대 사람들과 친애하고 화합하며 소통하려고 하지 않는다. (「자로」23)

◈ 훌륭한 인품을 지닌 사람은 반드시 말을 좋게 한다. 그러나 말을 좋게 잘 하는 사람이라고 하여 반드시 올바른 인품을 지닌 것은 아니다. 훌륭한 인품을 지닌 사람은 반드시 용감하게 행동한다. 그러나 용감하게 행동한다고 해서 반드시 훌륭한 인품을 지닌 사람은 아니다. (「헌문」5)

◈ 높은 자리에 있으면서 훌륭한 인품을 갖춘 사람이지만 포용력을 지니지 못한 경우가 있다. 그러나 속이 좁

은 자질구레한 사람이면서 포용력을 지닌 경우는 없다.

(「헌문」7)

◆ 현명한 사람은 어지러운 세상을 피해 산다. 질서가 무너
진 조직 공동체를 피해 산다. 예의가 없는 나쁜 사람이
나 도리에 어긋나는 나쁜 말을 피해 산다. 왜냐하면 내
인생과 인품에 손상이 가기 쉬운 상황을 원천적으로 제
거하기 위해서다. (「헌문」39)

◆ 사람의 일생은 다양하지만 도적과 같은 생활은 하지 않
아야 한다. 어려서는 겸손하지 못하고, 어른이 되어서는
칭찬받을 만한 일도 없으며, 늙어서도 아무 하는 일도
없이 죽지 않고 그냥 살고 있는 사람. 이런 인간이 다름
아닌 삶의 도적이다. (「헌문」46)

◆ 사람이 말을 할 때는 충실하고 믿음직스러워야 하고 행
실에서는 두텁고 공손해야 한다. 그렇게 하면 예의염치
라고는 찾아볼 수 없는 야만인들의 땅에서도 사람의 도
리가 먹혀들어갈 것이다. 반대로 말이 충실하거나 믿음

직스럽지 못하고 행실이 두텁거나 공손하지 못하면, 자기가 사는 동네라고 한들 무슨 행세를 하며 인간의 도리를 지킬 수 있겠는가?

일어서 있을 때는, 말이 충실하고 믿음직스러운지, 행실은 두텁고 공손한지, 눈앞에 떠올려라. 마찬가지로 어떤 상황에서건, 그 상황에 맞는 행동이 있는지의 여부를 살펴보라. 그렇게 하면 사람이 살아가는 동안 삶의 도리는 지킬 수 있을 것이다. (「위령공」5)

◆ 사람은 원대한 꿈을 지니고 먼 미래를 생각해야 한다. 그렇지 않으면, 반드시 주변의 가까운 곳에서 수시로 온갖 걱정거리가 생기기 마련이다. (「위령공」11)

◆ 사람의 품격은 하나의 특성으로 결정되지 않는다. 지도적 인품을 갖춘 사람은, 어떤 사람이 말만 잘한다고 해서 함부로 그 사람을 추천하거나 등용하지는 않는다. 어떤 사람의 지위가 낮다고 해서 그가 제시한 의미 있는 말을 귀담아 듣지 않거나 버리지도 않는다. (「위령공」22)

◈ 사람이 평생토록 지키고 행해야만 하는 일은 무엇일까? 그것은 아마 사람에 대한 배려와 사랑이 아닐까? 이런 점에서 본다면, 자기가 하고 싶지 않은 것을 다른 사람에게 함부로 강요해서는 안 된다. (「위령공」23)

◈ 아무리 여론의 시대라고 할지라도, 올바른 말과 그른 말을 분명하게 판단하는 것이 중요하다. 여러 사람이 싫어하는 일일지라도 반드시 그것이 올바른 일인지 아닌지 살펴보고, 여러 사람이 좋아하는 일일지라도 반드시 그것이 올바른 일인지 아닌지 살펴보아야 한다. 매사에 의심나는 일이 있으면, 반드시 자신이 직접 확인할 필요가 있다. (「위령공」27)

◈ 친구를 사귈 때는 그 사람이 어떤 점에서 이로움을 주고 어떤 점에서 해로움을 줄 수 있는지 신중하게 고려해야 한다. 이로움을 주는 것에 세 가지 형태의 사귐이 있고, 해로움을 주는 것에 세 가지 형태의 사귐이 있다. 정직한 사람과 사귀고 진실한 사람과 사귀며 많이 듣고 아는 사람과 사귀면 유익하다. 알랑대며 비위맞추는 사

람과 사귀고 줏대 없이 굽실대며 복종하는 사람과 사귀
며 아첨하고 말 잘하는 사람과 사귀면 해롭다. 내 인생에
어떤 친구가 필요한지 곰곰이 생각해 보라. (「계씨」4)

◈ 지도층 인사를 모시고 있을 때, 정신을 차리고 있지 않
으면 세 가지 잘못을 저지르기 쉽다. 하나는 지도자가
말하기 전에 먼저 말하는 것인데, 이를 조급함이라 한
다. 두 번째는 지도자가 말을 했는데도 대꾸하지 않는
것인데, 이를 감춤 혹은 숨김이라고 한다. 세 번째는 지
도자의 얼굴빛을 살피지도 않고 말하는 것인데, 이를 분
별이 없다고 한다. (「계씨」6)

◈ 어떤 사람이 아주 보잘것없는 조그마한 기술을 가지고
있을지라도, 그의 평소 행동을 눈여겨 볼 필요가 있다.
기술이 아무리 화려하더라도 인생의 원대한 뜻을 이루
는 데 장애가 될 수도 있다. 그러므로 지도층 인사는 조
그마한 기술을 눈여겨는 보되 무조건 배워서는 안 된다.
(「자장」4)

3. 배려와 관심
― 인간관계의 근본을 다져라

◈ 조직 공동체를 운영하려면 지도력을 발휘해야 한다. 어떤 일을 하건 깔끔하게 처리하고, 신뢰를 쌓아야 한다. 예산 낭비를 막고, 사람을 아끼며, 구성원들에게 의무를 부과하되, 그들이 처한 상황과 때에 맞게 해야 한다. (「학이」5)

◈ 정치를 할 때, 사람을 사랑으로 보듬지 않고 법령으로 다스리며 형벌을 써서 강압적으로 따르게 하면, 사람들은 법망을 뚫고 죄를 모면하려고만 한다. 반면에 지도자가 올바른 인품을 갖추고, 덕성으로 사람을 인도하고 예의로 따르게 하면, 사람다운 행동을 하지 못할 때 사람들은 부끄러워할 줄도 알고 정직하게 살려고 노력한다. (「위정」3)

◈ 인품을 갖춘 지도자는 조직 공동체의 사람들에게 지도
자로서의 예의와 태도를 보여 주어야 한다. 그러면 사람
들은 지도자를 공경한다. 지도자가 솔선수범하여 부모
에게 효도하고 자식을 사랑하면, 자연스럽게 사람들이
그 모습에 감동하여 충성하게 된다. 공동체의 사람들 가
운데 착한 사람을 등용하고 재능이 부족한 사람을 가르
쳐 재능을 북돋아 주면, 그것이 바로 일을 잘할 수 있게
동기를 부여하는 것이다. (「위정」20)

◈ 일상 예의에서 핵심은 양보와 겸손한 마음이다. 이를 갖
추고 조직을 운영할 수 있다면, 무슨 문제가 있겠는가?
예의의 핵심인 양보와 겸손한 마음을 갖추지 못하여, 조
직을 제대로 운영할 수 없다면, 예의는 어디에 어떻게 쓸
것인가? 문제는 생활 예절의 실천이다. (「리인」13)

◈ 훌륭한 인품을 갖춘 진실한 사람은 네 가지 특징을 지
닌다.
첫째, 행실이 공손하다.
둘째, 윗사람을 존경한다.

셋째, 사람들에게 은혜를 베푼다.

넷째, 사람들을 올바르게 인도한다. (「공야장」15)

◈ 현실에서 일반적으로 일어나지 않는 사안에 대해 수시
로 발생하거나 삶을 좌우하는 일인 것처럼 말하는 것은
옳지 않다. 특히, 괴이한 일, 난폭한 일, 난동부리는 일,
귀신에게 홀린 듯 묘한 일 등에 관해 심각하게 말하거
나 논의하지 않는 것이 좋다. 이런 일로 사람을 현혹하
는 것은 생활에 혼란을 줄 뿐이다. (「술이」20)

◈ 인품을 갖춘 지도자는 조직을 위해 봉사하는 자리에 있
어야 하고, 조직을 위해 봉사할 때는 절대 게으르게 일
해서는 안 된다. 사람들을 위해 일을 할 때, 모든 점에서
본분에 충실하고 진심으로 해야 한다. (「안연」14)

◈ 다른 사람을 이해하고 배려하는 정치는 사람들의 생활
을 '바르게 한다'는 뜻이다. 인품을 갖춘 지도자가 앞장
서서 바르게 하면, 조직의 구성원들은 그것을 보고 바르
게 생활하려고 노력할 것이다. (「안연」17)

◈ 사람을 배려한다고 나서는 지도자들은 스스로 탐욕을 부리거나 도둑질을 해서는 안 된다. 그러면 아무리 값비싼 상을 준다고 해도 그를 따르는 사람들은 도둑질하지 않을 것이다. (「안연」18)

◈ 지도자는 사람에게 관심을 갖고 배려하며 본인이 앞장서서 일하고 몸소 수고하라! 그리고 자기가 맡은 직무를 게을리 하지 마라! (「자로」1)

◈ 지도자 자신이 인품을 갖추고 바르면, 사람들을 다스리기 위해 법령이나 명령을 내리지 않아도 모든 일이 제대로 행해진다. 지도자 자신이 바르지 못하면, 아무리 호령을 한다고 해도 사람들이 따르지 않는다. (「자로」6)

◈ 지도자가 몸가짐을 바르게 하면, 조직 공동체를 운영하는 데 큰 어려움이 없다. 지도자가 몸가짐을 바르게 하지 못하는데, 어찌 사람들의 언행을 바르게 할 수 있겠는가? (「자로」13)

◈ 어떤 일을 하건, 서두르지 말고 조그마한 이익을 탐내지
마라. 서두르면 도달할 수 없고 조그마한 이익을 탐내면
큰일을 이루지 못한다. (「자로」17)

◈ 위에 있는 지도자가 예의를 좋아하고 잘 지키면, 아래에
있는 사람들을 설득하여 다스리기가 쉽다. 중요한 것은
사람들에 대한 관심과 배려를 하며 모범적 생활을 보여
주는 일이다. (「헌문」44)

◈ 인품을 갖춘 지도자가 지혜를 발휘하여 조직 공동체를
운영한다 해도, 포용력과 도덕성으로 자신의 자리를 지
키지 않으면 그 조직은 결코 발전할 수 없다. 지혜를 발
휘하여 조직을 운영하며 포용력과 도덕성으로 자리를
지킨다고 해도, 엄숙하고 객관적인 태도로 관심과 배려
를 하지 않으면, 사람들은 그런 지도자를 존경하지 않는
다. 지혜를 발휘하여 조직을 운영하고 포용력과 도덕성
으로 자리를 지키며 엄숙하고 객관적인 태도로 관심과
배려를 하더라도, 사람을 예의로 대접하지 않으면, 아직
온전한 인간의 삶이라고 할 수 없다. (「위령공」32)

◈ 세상이 체계적으로 질서가 잡혀 있으면 사회의 문화제도나 국가의 대소사가 최고지도자에 의해 제대로 다스려진다. 세상이 혼란스럽고 질서가 무너지면 사회의 문화제도나 국가의 대소사가 그 다음 고위지도자에 의해 멋대로 지배된다.

고위지도자가 나라의 실세 노릇을 하면, 그 후로 10대 정도에 이르기까지 권력을 휘두르다가 망하고, 그보다 아래의 지도자가 실세 노릇을 하면, 그 후로 5대 후손 정도에 이르기까지 권력을 휘두르다가 망하며, 그런 지도자 아래에서 일하던 가신이 실세 노릇을 하면, 그 후로 3대 후손 정도에 이르기까지 권력을 휘두르다가 망한다.

세상이 체계적으로 질서가 잡혀 있으면, 최고지도자가 아닌 그 아래 지도자의 손에 놀아날 리 없다. 세상이 체계적으로 질서가 잡혀 있으면, 사람들이 인생 살이에 대해 이러쿵저러쿵 의논하지 않는다. (「계씨」2)

◈ 인품을 갖춘 지도자는 신뢰를 얻은 뒤에 사람을 설득하고 일을 시켜야 한다. 신뢰를 얻지 못하고 아랫사람을

부리면, 사람들은 자기들을 혹독하게 괴롭힌다고 생각한다. 또 신임을 받은 사람은 윗사람에게 충실히 충고해야 한다. 신임을 받지 못하고 충고하면, 윗사람은 자기를 비방하거나 자신의 일에 훼방을 놓는다고 생각한다.

「자장」10)

◈ 세상 사람들에게 관심을 갖고 배려를 하기 위해서는 지도자의 능력이 필요하다. 지도자가 능력을 발휘하려면, 아름다운 도덕을 존중하고 나쁜 일을 막아야 한다.

아름다운 도덕에 다섯 가지가 있다. 그 다섯 가지는 첫째, 베풀되 허비하지 않고, 둘째, 수고롭게 하되 원망을 사지 않고, 셋째, 의욕을 갖고 하되 탐하지 않고, 넷째, 태연하되 교만하지 않고, 다섯째, 위엄이 있되 사납지 않아야 한다.

사람들이 이롭게 여기는 것을 이롭게 하니, 이것이 베풀되 허비하지 않는 것이 아니겠는가? 힘든 일을 할 만한 때를 가려서 힘들게 일을 시키니, 또 누가 원망하겠는가? 도덕적인 일을 하려다가 도덕성을 갖추었는데, 또 무엇을 탐하겠는가? 지도자는 재물이 많건 적건, 세력이 크건 작건 제멋대로 거만하게 행동하지 않는다. 이것이 태연하되 교만하지 않는 것이 아니겠는가? 지도자는 몸가짐을 단정하게 하고 눈을 바르게 뜨고 사물을 바라보아야 한다. 그래야 사람들이 엄숙한 태도로 우러러보고 경외심을 갖는다. 이것이 위엄이 있되 사납지 않은 것이 아니겠는가?

우리가 막아야할 나쁜 일에는 네 가지가 있다. 사람을 가르치지도 않고 죄를 지으면 죽이는 것을 '잔학'이라고 한다. 미리 훈계하지도 않고 잘못된 결과만을 나무라는 것을 '포악'이라고 한다. 법령을 엉성하게 정하고 기한을 촉박하게 한정하는 것을 '잔적'이라고 한다. 어차피 남에게 내줄 것인데 출납에 인색한 것을 창고지기의 횡포, 즉 '유치한 조무래기의 근성'이라고 한다. (「요왈」2)

『논어』 사자성어

1. 孝悌忠信 효제충신

부모에게 효도하고 형제자매를 존중하며 자신의 본분에 충실하고 주변 사람들에게 신뢰를 주라.

가정에서나 사회, 인간이 살아가는 모든 것에서, 사람의 본분을 다하고 사람과 사람 사이의 관계를 아름답게 지속해 가기 위한 핵심 덕목이다.

2. 修己治人 수기치인

자기 수양을 충실하게 하고 타인을 이해하고 배려하며 다스려라.

유학의 대명제에 해당하는 중요한 용어다. '자기를 이루고 타인도 함께 이루라'는 성기성물(成己成物)이나 '안으로는 성스러운 영혼을 소유한 인품을 갖추고 밖으로는 왕도와 같은 훌륭한 정치를 실천하는 지도자의 요건을 갖추라'는 내성외왕(內聖外王)과 상통한다.

3. 文行忠信 문행충신

인생에서 필요한 글을 배우고 행실을 바르게 하며 본분에

자이사교 문행충신(子以四敎 文行忠信)에서 따온 말이

다. 공자는 평소에 학문, 덕행, 충실, 신뢰, 이 네 가지를

제자들에게 가르쳤다고 한다.

4. 爲己爲人 위기위인

고지학자위기 금지학자위인(古之學者爲己 今之學者爲

人)을 줄인 말이다. 흔히 위기지학(爲己之學), 위인지학

(爲人之學)이라고도 한다. 공부의 핵심은 인간의 알찬

삶을 위한 '위기지학'에 있는 것이지 허영과 겉치레를

위한 '위인지학'에 있는 것이 아니라는 뜻이다.

5. 知生學困 지생학곤

생이지지 학이지지 곤이학지(生而知之 學而知之 困而

學之)에서 따온 말이다. 인간의 인식 능력에 대한 이해

지만, 가장 경계할 사람은 막히는 데도 배우지 않고 막무가내로 살아가려는 사람이다.

6. 性近習遠 성근습원
태어날 때 사람의 본성은 서로 비슷하지만, 살아가면서 공부하는 정도에 따라 달라진다.

성상근 습상원(性相近 習相遠)을 줄인 말이다. 인간의 본성은 근본적으로는 서로 가깝지만 후천적으로 무엇을 어떻게 익히느냐에 따라 서로 멀어진다.

7. 博學切問 박학절문
세상 사물에 대해 광범위하게 배우고 심혈을 기울여 진지하게 물음을 던져라.

박학이독지 절문이근사(博學而篤志 切問而近思)에서 따온 말이다. 참다운 인품을 함양하려면 우주자연과 세상의 이치, 세상의 법칙에 대해 널리 배우고 굳은 의지를 지니며, 간절히 묻고 생활에 절실한 것부터 생각해야 한다.

8. 文質彬彬 문질빈빈

후천적으로 다듬은 인품과 타고난 인품이 서로 보완되어
어울려야 진정하게 알찬 인품이라고 할 수 있다.

질승문즉야 문승질즉사 문질빈빈 연후군자(質勝文則野
文勝質則史 文質彬彬 然後君子)에서 따온 말이다. 사람
의 본래 바탕이 자라나면서 가꾼 것보다 강조되면 촌스
럽고, 후천적으로 꾸민 것이 본래 바탕보다 강조되면 사
람 됨됨이가 텅 빈 듯 공허하다. 이를 잘 조화해야 훌륭
한 인물로 거듭날 수 있다.

9. 博文約禮 박문약례

사람은 다양한 문화를 배우되 자신이 살아가는 사회의 생
활 예법으로 몸단속을 해야 한다.

박학어문 약지이례(博學於文 約之以禮)를 줄인 말이다.
훌륭한 인품을 지닌 사람은 널리 글을 배우되 예법으로
몸단속을 하므로, 삶의 도리에 어긋나는 일을 좀처럼 하
지 않는다.

10. 克己復禮 극기복례

개인의 이기적 탐욕을 극복하고 사회적 공공성을 회복하라.

극기복례 위인(克己復禮 爲仁)에서 따온 말이다. 일상 생활에서 사사로운 욕심을 조절하고 참으면서 사회적 공공성에 관심을 갖고 배려하면 세상은 평화스러워진다. 이런 열린 마음의 실천이 사람을 사랑하는 일이다.

◇ 사랑은 사람을 살아가게 하는 가장 큰 힘입니다. 사랑을 의미하는 말인 인애(仁愛)는 '사람 사이에 마음을 열고 서로 아껴주는' 따스한 인정이자 행실입니다.

사람이 마음을 열고 서로 아껴주려면 어떻게 해야 할까요? 나부터 먼저 마음을 열어야겠지요? 나는 지금까지 어떤 자세로 인생을 펼쳐왔나요? 세상을 향해 어떻게 마음을 열었나요?

'육하원칙(六何原則: 5W 1H)'에 따라 한번 깊이 생각해 봅시다.

누가(Who): 나는

언제(When):

어디서(Where):

무엇을(What):

왜(Why)

어떻게(How):

◇ 사람을 사랑하기 위한 덕목에는 여러 가지가 있습니다. 신뢰, 희생, 봉사, 나눔 등 우리 삶의 아름다운 영역이 그런 것입니다. 그러나 무엇보다도 자신에게 충실하고 타인을 배려하며 소통하는 마음 자세가 인간사랑의 지름길이라 생각합니다. 그렇다면 나 자신은 어떤 방식으로 사람을 사랑하는가요?

내가 사람을 사랑하는 방식은 ＿＿＿＿＿＿＿＿＿＿＿＿＿＿
＿＿＿＿＿＿＿＿＿＿＿＿＿＿＿＿＿＿＿＿＿ 에 있습니다.

왜냐하면 ＿＿＿＿＿＿＿＿＿＿＿＿＿＿＿＿＿＿＿＿＿
＿＿＿＿＿＿＿＿＿＿＿＿＿＿＿＿＿＿＿＿＿ 때문입니다.

◇ 사람마다 사람을 사랑하는 방식이 있고, 그것은 나름대로 의미가 있습니다. 내가 인간을 사랑하는 방식은 다른 사람들에게 얼마나 존중 받을 수 있을까요? 내가 속한 공동체 조직을 활성화하는 데 기여할 수 있을까요? 인류를 건전한 사회로 만드는데 일정한 역할을 할 수 있을까요?

孝	悌	忠	信			
修	己	治	人			
文	行	忠	信			
爲	己	爲	人			
知	生	學	困			
性	近	習	遠			
博	學	切	問			
文	質	彬	彬			
博	文	約	禮			
克	己	復	禮			

제3부
『맹자』

정의;

인간다움이란

무엇인가

올바른 삶을 향한 열정 『맹자』

유교의 학문 정통으로 볼 때, 맹자는 공자를 계승한 사람으로 자부했다. 그의 학설은 기본적으로 공자의 사유와 실천에 기초한다. 그러나 공자가 춘추 시대에 활동한 반면 맹자는 전국 시대에 활동했기 때문에 사상의 차이점이 있다. 맹자의 독창적인 사상으로는 인간의 '성품이 착하다'는 성선설性善說이다. 그 다음으로는 공자의 인仁의 뜻을 이어서 의義를 주장하며 이를 도덕 실천의 규범으로 삼은 의리義理다. 셋째는 '기를 기르라'는 양기養氣의 학설을 강조했고, 넷째로는 인의仁義에 기초하여 지도자의 길인 왕도王道를 주장하며 나라 다스리는 방법을 정의로 밝힌 것이다.

맹자의 주요 사상 가운데 첫 번째로 내세울 만한 것은 '인간의 성품이 착하다'는 데 있다. 맹자는 '인간의 본성이 착하다'는 것을 물이 아래로 흐르는 것에 비유하며 자연스럽게 인정했다. 불쌍한 인간의 모습을 보고 자연스럽게 도움을 주듯이 인간의 행위를 경험적으로 파악하여 성선의 내용으로 끌어들였다. 그 실마리가 측은惻隱 ·수오羞惡 ·사양辭讓 ·시비是非로 대표되는 사단설四端說이다.

본성이나 마음 회복을 위한 맹자의 도덕 행위는 '인간 본성 자체가 착하다'는 전제 속에 들어 있다. 본성이나 마음이 선천적으로 착하므로 사람은 이미 윤리 법칙을 알고 있다. 중요한 것은 사람의 행동이 정당함을 얻는 것이다.

이 행위를 얻도록 하는 것이 바로 '의'다. 의는 달리 말하면 정의에 해당하는데, 측은·수오·사양·시비의 마음으로 마땅히 할 일을 해야 한다는 주장이다. 이 정의는 무엇보다도 마음의 지향이며 조절 작용이다. 마음의 지향은 착함에 있으므로, 정의는 착함을 행하여 쌓는 것이다. 모든 사람이 정의로운 행동을 할 때, 세상은 밝아진다. 따라서 정의는 착함으로 가는 인간의 길일뿐이다.

이런 정의로운 행위 실천이 모여 인간의 올바른 생명력인 기가 된다. 맹자는 기를 기르는 일을 매우 중시했다. 이 기는 인간성의 착함을 발휘하는 가운데 있다. 기를 기르는 대표적인 방법이 우리에게 익숙한 호연지기浩然之氣다. 호연지기는 인간의 마음,

의지 가운데 믿음을 돈독히 하고 행동을 건실하게 하는 상태다. 이 과정에서 우리는 헛된 욕심에 눈멀어서는 안 된다. 자기의 착한 마음을 팽개쳐 놓고 다른 것에 욕심을 부리지 말아야 한다.

맹자에서 인간의 길은 정의를 추구하는 일이다. 인간은 정의를 쌓고 쌓아 생명력을 얻어 호연지기를 마음에 충만하게 된다. 그것의 전형적 인간형이 대장부大丈夫다. 대장부로서 인품을 갖춘 지도자의 길은 기를 충만하게 하여 인간을 살리는 방향으로 나아가는 것이다.

맹자는 공자의 사상을 대체로 이어받았지만, 자신의 눈으로 세상을 인식하며 사상을 발전시켰다. 인간의 마음이 착하다는 성선설을 기본으로 하여, 인간의 길인 의리와 정의 사상, 인간의 생명력을 기르는 호연지기, 그리고 왕도 정치에 이르기까지 독특한 자기의 의견을 제시하였다.

그러나 당시에 그의 주장이 제대로 받아들여지지는 않았다. 역사를 통해 그의 주장이 사상적으로 보편성을 얻었더라도 실제 현실 정치에서는 빛을 보지 못했던 것이다. 어쩌면 위대한 사상이 대개 이런 과정을 거치는지도 모를 일이다. 중요한 것은 맹자가 인간의 마음 수양을 바탕으로 정의의 길을 적극적으로 모색했다는 점이다.

1. 착한 본성과 수련
— 인간 조건의 씨앗을 뿌리다

◈ 고자는 사람의 본성은 '착하다!'거나 '착하지 않다!'라는 구분이 없다고 했고, 어떤 사람은 '본성은 착한 일을 할 수도 있고 착하지 않은 일을 할 수도 있다'고 했으며, 또 어떤 사람은 '본성이 착한 사람도 있고, 본성이 착하지 않은 사람도 있다'고 했다.

맹자는 '본성이 착하다!'고 말하는데, 그렇다면 앞에서 말한 사람들의 의견이 모두 틀린 것인가?

이에 대한 맹자의 의견은 다음과 같다.

"사람의 타고난 본성에 따라 행동하면 '착하다!'라고 할 수 있다. 이것이 내가 말하는 '착하다!'라는 것이다. 어쩌다가 착하지 않은 행동을 할 수도 있다. 하지만 그것은 물욕 때문에 본성이 가려진 것이지, 사람이 타고난 본바탕이 잘못되어 그런 것은 아니다.

가슴 쓰라리게 아파하는 마음인 측은지심惻隱之心은 사람이면 누구나 지니고 있다. 부끄러워할 줄 아는 마음인 수오지심羞惡之心은 사람이면 누구나 지니고 있다. 양보하는 마음인 공경지심恭敬之心은 사람이면 누구나 지니고 있다. 옳고 그름을 분별할 줄 아는 시비지심是非之心은 사람이면 누구나 지니고 있다.

측은지심은 마음을 열고 사람을 사랑하는 인仁이고, 수오지심은 사람이 추구하는 올바른 도리인 의義이며, 공경지심은 사람이 지켜야 할 기본 예의인 예禮이고, 시비지심은 옳고 그름을 판단할 줄 아는 지혜인 지智이다. 이런 인·의·예·지는 외부로부터 꾸미고 덧붙인 가식적인 것이 아니고, 내가 본디부터 지니고 있던 것인데, 사람들이 생각하지 못하고 있을 뿐이다. 그러므로 '내가 스스로 생각하여 구하면 얻고, 생각하지 않고 버려두면 잃는다'라고 하는 것이다.

이 마음을 얻는 사람과 잃는 사람의 착함과 착하지 않음을 비교해 보면, 때로는 2배, 때로는 5배 정도로 차이가 난다. 이처럼 헤아릴 수 없을 정도로 크게 차이가 나

는 것은, 사람들이 본성으로 타고난 자질을 모두 발휘하지 못했기 때문이다." (「고자」상6)

◆ 엄밀하게 따지면, 사람이 짐승과 다른 이유는 아주 적다. 하지만 서민들은 이것을 깨닫지 못하여 버리고, 훌륭한 인품을 갖춘 지성인이나 지도자는 이것을 알고 파악하여 지니고 있다.

중국 고대의 훌륭한 지도자로 추앙받는 순임금은 세상 이치에 밝아 모든 일을 도리에 맞게 처리하였다. 특히, 인간의 윤리를 잘 살피고 사람들이 그것을 지키도록 하였다. 이 모든 것이 마음을 열고 사람을 사랑하며 사람의 도리가 무엇인지 그에 따라 행한 것이다. 사람을 사랑하는 열린 마음이나 사람의 도리 자체를 억지로 행하려고 한 것은 아니었다. (「이루」하19)

◆ 고자가 말하였다.

"사람의 본성은 빙빙 돌고 있는 여울물과 같다. 때문에 이것을 동쪽으로 터놓으면 동쪽으로 흐르고, 서쪽으로 터놓으면 서쪽으로 흐르게 된다. 사람의 본성은 '착하다!'거나 '착하지 않다!'라는 구분이 없다. 이는 물이 동쪽과 서쪽, 어디로 흐를지 분별이 없는 것과 같다."

맹자가 말하였다.

"당신의 의견도 좋다. 물이 정말 동쪽과 서쪽, 어디로 흐를지 분별이 없다고 하자. 그렇다면, 위로 튀어 오를지 아래로 흐를지, 그 분별도 없단 말인가? 사람의 본성이 '착하다!'라는 것은 물이 아래로 흘러 내려가는 것과 같다. 사람 가운데 '착하지 않은' 사람은 없다. 이는 물이 아래로 흘러 내려가지 않는 것이 없는 것과 같다.

지금 저 물을, 손바닥이나 다른 도구를 이용하여 쳐서 튀어 오르게 해 보라. 우리 이마를 넘어가게도 할 수 있고, 물길을 막아 거꾸로 흘러가게 하면 산에 있게 할 수도 있다. 이것이 어찌 물의 본성이겠는가? 물이 외부로부터 받는 힘이 그렇게 만든 것이다. 사람이 '착하지 않은' 짓을 할 수 있게 되는 이유는, 그 본성이 또한 물의 경우처럼, 외부로부터 받는 힘 때문이다." (「고자」상2)

◈ 세상 사람들은 모두 사람을 괴롭히거나 사람이 불행 속으로 빠지는 것을 아무렇지도 않게 견뎌내지 못하는 착

한 마음을 지니고 있다. 즉 다른 사람을 해치지 못하는 마음, 잔혹하게 굴지 못해 하는 마음을 지니고 있다.

옛날의 훌륭한 지도자들은 이런 마음을 지니고 있었다. 그래서 자연스럽게 사람에게 잔혹하게 굴지 못해 하는 정치를 시행했다. 사람에게 차마 잔혹하게 굴지 못해 하는 마음으로, 사람에게 차마 잔혹하게 굴지 못해 하는 정치를 행한다면, 세상은 손바닥 위에 놓고 움직일 수 있을 정도로 쉽게 다스릴 수 있다.

'사람들은 모두 차마 다른 사람을 해치지 못하는 마음, 잔혹하게 굴지 못해 하는 마음을 지니고 있다'라고 말하는 근거는 다음과 같다.

지금, 갑자기 어린 아이가 우물에 빠지려고 하는 장면을 사람들이 보게 되었다고 하자. 그러면 모두가 깜짝 놀라고 가슴 쓰라리게 아픈, 불쌍한 마음을 가지게 된다. 이 것은 어린 아이의 부모와 사귀어 친분을 쌓기 위해서도 아니고, 마을 사람이나 친구들에게 칭찬을 받기 위해서도 아니다. 더구나 어린 아이를 구하지 않았다는 비난을 듣기 싫어서, 혹은 어린 아이가 우물에 빠지면서 지르는 비명소리가 듣기 싫어서 그러한 것도 아니다. 이를 근거로 본다면, 가슴 쓰라리게 아파하며 불쌍하게 여기는 마음인 측은지심이 없으면 사람이 아니다. 부끄러워하는 마음인 수오지심이 없어도 사람이 아니다. 양보하는 마음인 사양지심이 없으면 사람이 아니고, 옳고 그름을 가릴 줄 아는 마음인 시비지심이 없으면 사람이 아니다.

측은지심은 사람을 사랑하는 열린 마음인 인의 실마리고, 수오지심은 올바른 일을 하지 않으면 부끄러워할 줄 아는 의의 실마리며, 사양지심은 사람이 처한 상황에 따라 양보하며 겸손할 줄 아는 예의 실마리고, 시비지심은 옳고 그름을 판단할 줄 아는 지의 실마리다. 사람이 이 네 가지 실마리, 즉 인의예지의 사단을 지니고 있는 것은, 몸에 팔다리 네 개를 지니고 있는 것과 같다. 사단을 지니고 있으면서도 스스로 인의를 행할 수 없다고 말하는 자는 자신을 해치는 자고, 자기의 지도자가 인의를 행할 수 없다고 말하는 자는 지도자를 해치는 자다.

사람들이 이 사단을 모두 넓혀서 채울 줄 알면, 불이 처음 타오르고 샘물이 처음 솟아 나오는 것과 같다. 이를 제대로 채운다면 온 세상을 다스려 사람들을 충분히 보호할 수 있고, 제대로 채우지 못한다면 집안에서 부모조

차도 모실 수 없을 것이다. (「공손추」상6)

◆ 사람은 자기 몸의 모든 부위를 아끼고 사랑한다. 모든 부위를 아끼므로 전체를 보호하고 기르려고 한다. 한 자와 한 치의 살도 모두 아끼기에, 한 자와 한 치의 살도 남김없이 기른다. 잘 기르고 잘못 기르고를 살피는 기준이 어찌 다른 데 있겠는가? 바로 자기 자신을 가지고 보아야 한다!

몸에는 귀하고 천한 것, 작고 큰 것이 있다. 귀하고 큰 것은 정신적으로 자기를 양육하기 위한 의지를 말하고, 천하고 작은 것은 육체적으로 자기를 양육하는 물질적 측면이다. 따라서 작은 것을 가지고 큰 것을 해치지 말고, 천한 것을 가지고 귀한 것을 해치지 말아야 한다. 육체적 양육에 치우쳐 정신적 양육을 소홀히 하지 않아야 한다. 작은 것을 기르는 자는 조무래기가 되고, 큰 것을 기르는 자는 지성인이 된다.

지금, 정원사가 오동나무와 가래나무를 버리고 멧대추나무와 가시나무를 기른다면, 천박한 정원사가 될 것이다. 손가락 하나만을 기르고, 어깨와 등을 돌아볼 줄 모

른다면, 이는 전반적으로 몸을 보지 못하는 폐쇄적인 의
사가 될 것이다.

먹고 마시는 데 급급하며 음식을 밝히는 사람을 사람들
은 천하게 여긴다. 그 이유는 작은 것을 기르고 큰 것을
잃기 때문이다. 음식에 급급한 사람일지라도 큰 것을 잃
지 않는다면, 어찌 그 음식이 한 자나 한 치의 살이 될 뿐
이겠는가? 정신을 양육하는 밑거름이 되리라. (「고자」상14)

◆ 사람을 사랑하는 열린 마음인 인은 사람이 본래부터 지
니고 있는 마음의 발로 그 자체이고, 사람의 도리인 의
는 사람의 본래 마음을 따라 가는 길이다. 그 길을 버리
고 따라가지 않고, 그 마음을 내버리고 찾을 줄을 모르
니, 참 슬프다! 사람이 자기 집에서 기르던 닭과 개가 도
망가면 찾을 줄 알면서, 자기 마음을 내버려두고도 찾을
줄을 모른다. 공부를 하는 방법은 다른 것이 아니다. 그
내버린 착한 마음을 찾는 일일 뿐이다. (「고자」상11)

◆ 마음을 수양하는 일은 욕심을 적게 하는 것보다 좋은 것
이 없다. 그 사람됨이 욕심이 적으면 본심을 보존하지 못

하는 것이 있더라도 매우 적고, 사람됨이 욕심이 많으면 본심을 보존하는 것이 있더라도 매우 적다. (「진심」하35)

◆ 훌륭한 인품을 갖춘 지성인은 어린 아이처럼 천진난만하고 순진무구한 마음을 잃지 않은 사람이다. (「이루」하12)

◆ 사람의 형체나 낯빛은 그 사람의 타고난 본성을 대변한다. 가장 훌륭한 인품을 갖춘 인격자가 되어야 만이, 코는 코, 눈은 눈, 손발은 손발 등 제 각각의 형체가 기능을 모두 발휘할 수 있다. (「진심」상38)

◆ 훌륭한 인품을 갖춘 지성인이 올바른 방법으로 세상의 이치에 대해 깊이 탐구하는 것은 스스로 자연스럽게 터득하기 위해서다. 스스로 자연스럽게 터득하면 편안하게 일을 처리한다. 편안하게 일을 처리하면 그 일을 활용하는 범위가 넓고 깊어진다. 활용하는 범위가 넓고 깊어지면 여기저기에서 응용하려 하고 그 일의 근본과 이치를 만나게 된다. 그러므로 인품을 제대로 갖춘 지성인은 스스로 자연스럽게 깨달으려고 한다. (「이루」하14)

◈ 자기의 본심에 비추어 보아 하지 않아야 할 것은 하지 말고, 원하지 않는 것은 원하지 말아야 한다. 그렇게만 하면 된다. (「진심」상17)

◈ 사람의 길은 아주 가까운 곳에 있다. 그런데 대부분의 사람들은 먼 곳에서 구한다. 해야 할 일은 아주 쉬운 데 있다. 그런데 대부분의 사람들은 어려운 데서 찾는다. 사람마다 제각기 부모를 정성껏 모시고, 집안이나 지역사회의 어른, 사회지도층 인사를 존경하면, 온 세상이 평안하게 될 것이다. (「이루」상10)

◈ 사람은 수치심이 없거나 창피스러움을 몰라서는 안 된다. 염치가 없는 것을 창피하게 여긴다면 치욕스러운 일도 없게 되리라. (「진심」상6)

2. 의리와 이익
― 세상을 움직이는 정의는 어디에 있는가

◈ 생선 요리도 내가 원하는 것이고, 맛있는 소고기 요리도
내가 원하는 것이다. 하지만, 이 두 가지를 동시에 얻을
수 없다면, 생선 요리를 버리고 그보다 더 맛있는 소고
기 요리를 취하겠다. 이런 삶도 내가 원하는 것이고, 삶
의 도리도 내가 원하는 것이다. 하지만, 이 두 가지를 동
시에 얻을 수 없다면, 삶을 버리고 도리를 취하리라.

삶도 내가 원하는 것이지만, 원하는 것이 삶보다 중요한
것이 있다. 그러므로 삶을 구차하게 얻으려 하지 않는
다. 죽음도 내가 싫어하는 것이지만, 싫어하는 것이 죽
음보다 중요한 것이 있다. 그러므로 환난이 닥쳐오더라
도 피하지 않는 때가 있다.

사람들이 원하는 것이 삶보다 중요한 것이 없다면, 삶을

얻을 수 있는 모든 방법을 어찌 쓰지 않겠는가? 사람들이 싫어하는 것이 죽음보다 중요한 것이 없다면, 환난을 피할 수 있는 모든 방법을 어찌 쓰지 않겠는가?

이 때문에 살 수 있는데도 그 방법을 쓰지 않는 때가 있고, 이 때문에 화를 피할 수 있는데도 하지 않는 때가 있다. 그러므로 원하는 것이 삶보다 중요한 것이 있고, 싫어하는 것이 죽음보다 심한 것이 있다. 훌륭한 덕망과 똑똑한 재능을 지닌 사람만이 이러한 마음을 지니고 있는 것이 아니라, 모든 사람이 이러한 마음을 지니고 있다. 그러나 훌륭한 덕망과 똑똑한 재능을 지닌 사람은 이것을 잃지 않을 뿐이다.

한 그릇의 밥과 한 그릇의 국을 얻으면 살고, 얻지 못하면 죽을 지경이라고 하자. 픽하고 혀를 차고 꾸짖으며 밥과 국을 던져주면, 거리를 떠도는 노숙자도 이를 받으려 하지 않고, 발로 차듯이 하며 밥과 국을 던져주면 거지도 받으려 달려들지 않는다.

사람들이 상상하지 못할 정도의 엄청난 봉급을 주면 예의에 맞는지 의리에 합당한지 따지지 않고 받으니, 그 봉급이 나에게 무슨 보탬이 되겠는가? 화려한 저택을

짓기 위해서인가? 처와 첩들이 풍족하게 받들어 주기를 바라서인가? 아니면 내가 알고 있는 궁핍한 자가 나에게서 무언가를 얻어가기 위해서인가?

지난번에는 자신의 양심을 지키기 위해 죽어도 받지 않다가, 이제는 저택을 화려하게 꾸미기 위해 그것을 받고, 지난번에는 자신의 양심을 지키기 위해 죽어도 받지 않다가, 이제는 처와 첩을 거느리고 풍족하게 살기 위해 그것을 받으며, 지난번에는 자신의 양심을 지키기 위해 죽어도 받지 않다가, 이제는 궁핍한 사람들에게 베풀기 위해 재물을 받았다 이런 일을 그만 둘 수는 없는가? 이것을 '그 착한 본래의 마음을 잃었다'라고 하는 것이다.

(「고자」상10)

◈ 모든 사물의 길흉화복이 우주자연의 이치가 아닌 것이 없기에, 사람은 올바른 이치를 파악하여 잘 따라야 한다. 그러므로 올바른 이치를 제대로 인식한 사람은 무너져 내릴 듯한 위험한 담장 아래 서지 않는다. 자기의 도리를 다하고 죽는 사람은 올바른 이치를 살다간 사람이고, 죄를 짓고 잡혀서 형벌을 받고 죽은 사람은 올바른

이치로 살다간 사람이 아니다. (「진심」상2)

◈ 입이 맛을 느끼는 것, 눈이 빛깔을 보는 것, 귀가 음성을 듣는 것, 코가 냄새를 맡는 것과 사람의 팔다리가 편한 것을 아는 것은 사람의 본성적 욕구다. 하지만 거기에는 제각기 분수가 있어 본능이 원하는 대로 되게 하지 못하는 운명이 개입되어 있다. 그러므로 인품을 제대로 갖춘 지성인은 이것을 본성이라고 하지 않는다.

인자함이 부모자식 사이에 베풀어지고, 의리가 지도자와 참모 사이에 유지되고, 예의가 손님과 주인 사이에 지켜지고, 지혜가 현명한 사람에게 밝혀지고, 지도자가 우주자연의 질서를 본보기로 사람에게 적용한 것은 운명이다. 하지만 거기에는 타고나면서부터 착한 본성이 개입되어 있다. 그러므로 지성인은 이것을 운명이라고 하지 않는다. (「진심」하24)

◈ 나에게 있는 인의예지의 덕을 구하면 얻고 내버려두면 잃게 된다. 구하기만 하면 얻을 수 있는 마음, 그것은 바로 내안에 있기 때문이다. 그것을 구하는 데는 거쳐야할

길이 있고, 그것을 얻기 위해서 우주자연의 이치를 따라
야 한다. 구하기는 했으나 얻어지지 않는 이유는 그것이
나의 밖에 있기 때문이다. (「진심」상3)

◈ 지성인에게는 인생의 세 가지 즐거움이 있다. 세상에서
정치지도자 노릇하는 것은 여기에 포함되지 않는다. 부
모가 모두 생존해 계시며, 형제자매가 별 탈 없이 잘 지
내는 것이 첫 번째 즐거움이다. 위로는 하늘에 부끄럽지
않고 아래로는 사람들에 부끄럽지 않은 것이 두 번째
즐거움이다. 세상에 밝고 슬기로운 인재를 얻어 교육하
는 것이 세 번째 즐거움이다. 다시 강조하지만 세상에서
정치지도자 노릇하는 것은 이 세 가지 즐거움에 포함되
지 않는다. (「진심」상20)

◈ 나라의 영토가 넓어지고 인구가 많아지는 것은 지도자
가 원하는 일이다. 그러나 인생의 진정한 즐거움은 그
속에 있지 않다. 세상의 중심에 서서 훌륭한 지도자가
되어 온 세상 사람들을 편안하게 살게 하는 것은 지도
자도 즐거워한다. 그러나 사람의 본성인 덕망으로 하는

정치가 여기에 있지 않다.

지도자의 본성은, 어떤 큰일을 한다고 하여 본성에 보태지는 것도 아니고, 곤궁하게 산다고 하여 본성이 줄어드는 것도 아니다. 왜냐하면 원래 타고난 분수가 정해져 있기 때문이다.

지도자의 본성은 인의예지가 마음에 뿌리 내려 그 덕망이 형색을 갖추고 살아나면, 맑고 밝은 빛이 얼굴에 나타난다. 등에도 두둑하게 넘쳐 어깨가 쫙 펴지며, 온몸에 베풀어진다. 온몸이 굳이 말하지 않아도 저절로 깨달아 행한다. (「진심」상21)

◈ 굶주린 사람은 맛있게 먹고, 목마른 사람은 맛있게 마신다. 이는 음식의 바른 맛을 알지 못하는 것이다. 왜냐하면 굶주림과 목마름이 음식의 참맛을 가리기 때문이다. 어찌 입이나 배만이 굶주리고 목마름에 가리겠는가? 마음에도 또한 가려지는 것이 있다.

사람이 굶주림과 목마름에 가리는 것으로 마음을 가리지 않게 할 수 있다면, 자기의 부귀영화가 다른 사람에게 미치지 못하더라도, 이를 근심으로 여기지 않는다.

다시 말하면, 아무리 가난하고 천한 지경에 빠지더라도 올바른 도리를 분간하고 있다면, 부유하고 고귀한 자리를 부러워하지 않으리라! (「진심」상27)

◈ 사람은 불의를 행하지 않는 지조가 있어야, 훌륭한 일을 할 수 있다. (「이루」하8)

◈ 공직생활은 가난을 면하기 위해 하는 것은 아니다. 하지만 때로는 가난을 면하기 위해 하는 경우도 있다. 결혼을 하여 아내를 얻는 것은 집안 살림을 돌보기 위한 것은 아니다. 하지만 때로는 집안 살림을 돌보기 위한 경우가 있다.

가난을 면하기 위해 공직생활을 하는 자는 높은 자리를 사양하고 낮은 자리에 있어야 한다. 부유한 생활을 사양하고 청빈하게 살아야 한다. 높은 자리를 사양하고 낮은 자리에 있으며, 부유한 생활을 사양하고 청빈하게 살려면, 어떤 직책이 좋을까? 국경의 관문을 지키는 문지기나 딱딱이를 치는 야경꾼처럼 낮은 직책이면 된다.

공자가 젊은 시절 곡물창고를 지키던 하급관리인 위리

가 되어서는 '회계를 정당하게 할뿐이다'라고 말하였고, 동물사육을 담당하던 하급관리인 승전이 되어서는 '소와 양을 잘 키울 뿐이다'라고 하였다.

공직생활을 할 때, 낮은 지위에 있으면서 높은 자리에 있는 사람들의 일인 국가 대사를 논의하는 것은 죄다.

(「만장」하5)

3. 정의를 위한 정치
― 현재 삶과 다르게 생각하라

◆ 영토 크기가 작은 나라는 기본적으로 영토가 큰 나라를 대적할 수 없다. 병력 수가 적은 작은 규모의 군대를 지닌 나라는 기본적으로 병력 수가 많은 큰 규모의 군대를 지닌 나라를 대적할 수 없다. 국력이 약한 나라는 기본적으로 국력이 강한 나라를 대적할 수 없다.

세상에 영토가 사방 1,000리 되는 나라가 아홉 개인데, 제나라는 여기저기 흩어져 있는 영토를 모두 모아봐야 그 크기가 아홉 나라 가운데 하나, 1/9정도에 불과하다. 한 나라가 나머지 여덟 나라를 복종시킨다고 했을 때, 약소국인 추나라가 강대국인 초나라를 대적하는 것과 무엇이 다르겠는가? 어찌하여 지도자의 길이 무엇인지, 그 본질을 제대로 성찰하지 않는가?

지금부터라도 지도자들은 훌륭한 정치를 펴고 사람을 사랑하는 마음을 베풀어 보라. 세상에 공직을 맡으려는 사람들에게는 그들의 능력을 존중해 주라. 농사짓는 사람들에게는 농지를 나누어 주어 경작하게 하라. 장사꾼들에게는 세금을 징수하지 않거나 감면해 주고 시장에 물건을 저장하게 해 보라. 여행하는 사람들에게는 안전 보장과 통행세를 감면해 주라. 그러면 포악한 지도자 밑에서 살면서 그를 미워하는 사람들은 모두 당신에게 달려와 하소연 할 것이다.

일정한 생활 근거인 생업이나 직업이 없으면서도 변함없이 착한 마음을 지니는 것은 배우며 공부하는 선비, 즉 학문을 닦고 의리를 아는 사람만이 할 수 있다. 일반 사람의 경우 일정한 생활 근거인 생업이나 직업이 없으면, 그것 때문에 착한 마음이 없어질 수 있다. 변함없이 착한 마음이 없어진다면, 방탕하고 편벽되고 사악하고 사치하는 길로 빠져 못하는 짓이 없게 된다. 사람들이 죄를 저지르게 만든 다음에 그들을 따라가서 처벌한다면, 이는 국민들을 상대로 물고기를 잡듯이 그물질을 하는 것과 같다. 사람을 사랑하는 사람이 지도자의 자리에 있으면서, 어찌 국민을 상대로 그물질을 할 수 있겠는가?

그러므로 현명한 지도자는 사람들이 일정하게 먹고 살 수 있도록 생활 근거를 정해 주어야 한다. 부모를 넉넉하게 모실 수 있게 하고, 처자식을 충분히 먹여 살릴 수 있게 해야 한다. 풍년이 드는 해는 1년 내내 배부르고, 흉년이 들어도 굶어 죽지는 않도록 해야 한다. 그렇게 해준 다음에 사람들을 교육하여 착하게 만들어야 한다. 그래야 사람들이 착한 길을 따라가기가 쉬워진다.

지금은 사람들에게 생활 근거는 정해주었지만, 부모를 모시기에 넉넉하지 못하고, 처자식을 먹여 살리는 데 충분하지 않다. 풍년이 든 해에도 1년 내내 고생하고, 흉년이 든 해에는 굶어 죽는 사람이 속출한다. 이런 상황에서는 죽음을 구제하기에도 힘이 모자라 무서울 지경이다. 어느 겨를에 사람다운 삶을 기다리며 예의를 차리겠는가? (「양혜왕」 상7)

◆ 재력이나 무력과 같이 어떤 권력으로, 사람을 사랑하는 열린 마음을 가지고 있는 체 하는 지도자는 패도정

치를 하는 사람이다. 패도정치를 하는 지도자는 반드시 영토가 큰 나라를 소유해야 성이 찬다. 사람을 사랑하는 열린 마음을 가진 지도자는 왕도정치를 하는 사람이다. 왕도정치를 하는 지도자는 영토가 큰 나라만을 고집하지 않는다. 은나라를 창건한 탕 임금은 사방 70리를 가지고도 훌륭한 정치를 하여 마침내 온 세상을 다스리게 되었고, 주나라를 창건한 문왕은 100리를 가지고도 훌륭한 정치를 하여 마침내 온 세상을 다스렸다.

권력으로만 사람을 복종시키는 것은, 상대방이 진심으로 복종하는 것이 아니다. 힘이 부족해서 할 수 없이 복종하는 것이다. 덕망으로 사람을 복종시키는 것은, 상대방이 진심으로 기뻐하여 복종하는 것으로, 공자 문하에서 배우던 70여 명의 제자가 진심으로 공자를 따르던 것과 같다. (「공손추」상3)

◈ 알기 쉬우면서도 뜻이 깊은 것은 좋은 말이다. 자신을 올바로 지켜나가면서 사람에게 넓게 베푸는 것은 좋은 생활방식이다. 인품을 제대로 갖춘 지성인의 말은 마음에 근거하며 그 속에 이미 인간의 도리가 담겨 있다. 지

성인은 인간의 도리를 굳게 지키고, 자신을 수양하여 온 세상을 화평하게 한다. 사람들은 자기의 논밭을 버려두고 다른 사람의 논밭에서 김매는 것을 근심한다. 왜냐하면 다른 사람에게 요구하는 것은 무겁고, 스스로 책임지는 것은 가볍기 때문이다. (「진심」하32)

◈ 공직생활을 하는 사람에 대해 일일이 꾸짖을 수는 없다. 잘못된 정치에 대해 모조리 흠잡을 수는 없다. 훌륭한 인품을 갖춘 지성인만이 지도자의 나쁜 마음을 바로잡을 수 있다. 지도자가 사람을 사랑하는 마음을 가지면 모든 일에서 사람을 사랑하게 되고, 지도자가 사람의 올바른 도리를 깨우치게 되면 모든 일이 예의가 있게 되며, 지도자가 바르게 되면 모든 일이 바르지 않음이 없다. 지도자가 한결같이 마음을 올바르게 가지면 나라가 평안해진다. (「이루」상20)

◈ 자는 사각형을, 컴퍼스는 원형을 만드는 표준이자 기준틀이다. 최고의 인격자는 인간의 윤리도덕을 규정할 수 있는 표준이자 기준틀이다.

한 나라의 지도자가 되려면 지도자의 도리를 다해야
하고, 공직자가 되려면 공직자의 도리를 다해야 한다.
지도자의 길은 간단하다. 딱 두 가지 뿐이다. '사람을
사랑하느냐! 사람을 미워하느냐!'

지도자가 자기가 다스리는 사람을 포악하게 대하면, 심
할 경우, 그 지도자는 사람들에게 시해를 당하고, 나라
도 망하게 된다. 심하지 않을 경우, 지도자는 신변이 늘
위태롭고, 나라의 영토는 줄어든다. (「이루」상2)

◈ 백이는 눈으로는 나쁜 빛을 보지 않았고, 귀로는 나쁜
소리를 듣지 않았으며, 지도자다운 지도자가 아니면 섬
기지 않았고, 자기에게 맞는 사람이 아니면 부리지 않
았다. 세상이 잘 다스려지면 공직에 나아가고 혼란스러
우면 물러났다. 포악한 정치를 하는 나라나 포악한 사
람들이 사는 곳에는 참고 살지 못하였다. 시골 사람들
과 섞여 사는 것을 깨끗하고 말끔하게 옷을 차려 입고
더러운 진흙과 숯 구덩이에 앉아 있는 것처럼 여겼다.
은나라의 포학무도한 주가 다스릴 때는 북쪽 바닷가에
살면서 이 세상이 깨끗해지기를 기다렸다. 그러므로 백

이의 삶의 모습을 들으면 완악한 사나이도 청렴해지고, 나약한 사나이도 지조를 세우게 된다.

이윤은 '어떤 지도자를 섬긴들 지도자가 아니며 어떤 사람을 다스린들 사람이 아니겠느냐'라고 하여, 세상이 제대로 다스려져도 관직에 나아가고 혼란스러워져도 나아갔다. 그리고 '하늘이 이 사람을 세상에 보낸 것은, 먼저 안 사람에게 나중에 알 사람을 깨우치고, 먼저 깨달은 사람에게 나중에 깨달을 사람을 깨우치게 하기 위한 것이다. 나는 하늘이 낸 사람 중에 먼저 깨달은 사람이다. 나는 올바른 도리로 이 사람들을 깨우쳐야 할 책임이 있다. 내가 이들을 깨우치지 않는다면, 누가 그 일을 하겠는가!'라고 하였다. 이윤은 세상사람 가운데 누구이건, 요임금과 순임금이 최고지도자로서 베풀었던 혜택을 입지 못하는 사람이 있으면, 자신이 그들을 도랑으로 밀어 넣은 것처럼 생각하고, 세상의 중대한 사명을 스스로 맡겠다고 자원하였다.

유하혜는 부정을 자행하는 더러운 지도자일지라도 그를 섬기는 것에 대해 부끄러워하지 않았고, 지위가 낮은 하찮은 직책일지라도 그 자리를 낮게 여기지 않았다. 공직에 나아가면 자기의 장점을 숨기지 않고 반드시 자신이 옳다고 믿는 대로 밀어 붙였다. 공직에 등용되지 못하고 버려져도 원망하지 않았고, 곤궁에 빠져도 근심하지 않았다. 때문에 유하혜는 당당하게 말하였다. '너는 너고 나는 나다. 네가 내 곁에서 웃통을 벗고 벌거벗는다할지라도, 네가 어찌 나를 더럽힐 수 있겠는가?' 그러므로 유하혜의 삶의 모습을 들으면 마음과 도량이 좁은 사나이는 너그러워지고, 경박한 사나이는 마음이 두터워진다.

공자가 제나라를 떠날 때는 밥을 지으려고 물에 담갔던 쌀을 건져서 떠날 만큼 급했다. 노나라를 떠날 때는 '더디고 더디다, 내 걸음이여!'라고 말하였는데, 이는 조국을 떠나기 싫어서 더디게 한 것이다. 빨리 떠나야 할 만하면 빨리 떠나가고, 오래 머무를 만하면 오래 머무르며, 공직에 나아갈만 하면 나아가고 물러나야한다면 물러나는 사람이 공자다.

백이는 훌륭한 인품을 지닌 사람 가운데 청렴결백을 대표하는 맑은 사람이고, 이윤은 훌륭한 인품을 지닌 사람 가운데 책무성을 대표하는, 일에 책임을 지는 사람이다. 유하혜는 훌륭한 인품을 지닌 사람 가운데 사람 사이의 호응을 대표하는 화합하는 사람이고, 공자는 훌륭한 인품을 지닌 사람 가운데 시대정신을 대표하는 때에 맞고 바르게 행동하는 사람이다.

공자 같은 사람을 집대성集大成이라 한다. 집대성이란 시작할 때 쇠 소리로 울려서 마칠 때 옥 소리로 이를 종합하여 거두는 것이다. 쇠 소리로 울리는 일은 여러 소리가 어울려 흐트러지지 않고 이어지는 일을 시작하는 것이고, 옥 소리로 거둔다는 것은 여러 소리가 어울려 흐트러지지 않고 이어지는 일을 끝내는 작업이다. 여러 소리가 어울려 흐트러지지 않고 이어지는 일을 시작하는 것은 지혜에 속하고, 여러 소리가 어울려 흐트러지지 않고 이어지면서 끝내는 것은 덕망에 속하는 일이다.

활쏘기에 비유하면, 지혜는 활을 당기는 재주이고, 덕망은 활을 당기는 힘이다. 100보 밖에서 활을 쏘는 것에 비유하면, 과녁에 이르는 것은 너의 힘이지만, 과녁에 맞히는 것은 너의 힘이 아니다. (「만장」하1)

◈ 공자의 수제자였던 자로는 사람들이 그에게 잘못이 있음을 일러주면 기뻐하였다고 한다. 우임금은 최고지도자의 자리에 있으면서도 좋은 말을 들으면 그에 대해 일일이 감사의 표시를 하며 절하였다고 한다. 순임금은 최고지도자의 자리에 있으면서 이들보다도 대단했다고 한다.

좋은 일은 사람들과 더불어 행하고, 자기 생각을 버리고 다른 사람의 생각을 따르며, 다른 사람이 착한 일을 하면 바로 그 착한 일을 취하여 행하는 것을 좋아했다. 저 시골구석에서 밭 갈고 곡식 심고, 질그릇 굽고 고기 잡을 때부터 최고지도자가 될 때까지 착한 일에 대해 다른 사람에게서 취하지 않은 것이 없었다.

다른 사람에게서 취하여 착한 일을 행하는 것은, 다른 사람과 함께 착한 일을 행하는 것이다. 그러므로 지도자의 삶은 다른 사람과 함께 착한 일을 하는 것보다 더 큰 즐거움이 없다. (「공손추」상8)

◈ 맹자의 제자 공손추가 물었다.

"선생님이 제나라의 최고위급 관료가 되어 선생님이

원하는 정치를 행할 수 있게 되었다고 가정해 보시지요. 제나라 지도자는 선생님의 정치 이념을 바탕으로 정치를 하겠지만, 패도覇道를 행할 수도 있고 왕도王道를 행할 수도 있을 것입니다. 지도자가 그렇게 하는데, 특별히 이상하게 생각할 것은 없겠습니다만, 선생님의 책임이 상당히 무거울 것 같은데, 혹시, 마음에 동요가 일지는 않겠습니까?"

맹자가 말하였다.

"아닐세. 나는 40대에 들어서면서, 어떤 경우에도 마음의 동요가 일지 않았네."

공손추가 말하였다.

"40대에 마음의 동요가 없었다고요? 마음의 동요가 없으려면 엄청난 용기가 필요한 건데. 아, 그렇다면 선생님은 옛날 위나라 때 살아 있는 소의 뿔도 뽑았다는 맹분보다도 용기가 뛰어나십니다."

맹자가 말하였다.

"그것은 어려운 일이 아니네. 나와 가끔씩 논쟁을 벌이며 사람의 본성에 선악이 없다고 주장하는 고자도 나보다 먼저 마음의 동요를 일으키지 않았다네."

공손추가 말하였다.

"마음의 동요를 일으키지 않는, 즉 마음을 움직이지 않는 일, 그러니까 '부동심不動心'을 하는 방법이 따로 있습니까?"

맹자가 말하였다.

"있지, 있고말고. 내가 몇몇 사례를 들어 보지. 제나라에 북궁유라는 사람이 있었는데, 그가 용기를 기르는 방법은 다음과 같다네. 살갗이 칼에 찔려도 몸을 꿈쩍도 하지 않고 눈이 찔려도 눈동자를 피하지 않는다네. 털끝만큼이라도 남에게 꺾였다고 생각하면 모든 사람에게 공개된 장소에서 매를 맞는 것처럼 여겼다네. 낡고 헐렁헐렁한 옷을 걸친 노숙자 같은 사람에게도 모욕을 당하지 않고 전차 10,000대를 소유한 큰 나라의 지도자에게도 모욕을 당하지 않는다네. 전차 10,000대를 소유한 큰 나라의 지도자를 찔러 죽이는 일을 낡은 옷을 걸친 노숙자 같은 사람 찔러 죽이는 것처럼 생각하지. 이처럼 한 나라의 지도자일지라도 무서워하지 않아. 그 누구건 자기를 험담하는 소리가 들리면, 반드시 보복을 했지.

또 용감한 전사로 전해오는 맹시사라는 사람이 있었는데, 그가 용기를 기르는 방법은 이러했다네. 이기지 못하는 전투를 보면서도 이기는 전투처럼 여긴다네. 적군이 얼마나 강한지 약하지를 헤아려 본 뒤에 나아가며, 승리를 할 것인지 아닌지를 헤아려 이길 것이라고 생각한 후에 나아가 맞서 전투를 벌이지. 그러니까 그는 12,500여 명이나 되는 대군을 거느린 군대도 두려워하는 사람이지. 그러면서도 이렇게 얘기를 하지. '내가 어찌 그런 대군을 반드시 이길 수가 있겠는가? 두려움이 없을 뿐이다.'

공자의 제자에 비유하면, 맹시사는 증자와 유사하고 북궁유는 자하와 유사하다네. 이 두 사람이 용기를 기르는 방법 가운데 누가 나은지는 잘 모르겠네. 맹시사의 경우, 자기를 지키는 부분에서 나름대로의 요령이 있다네.

옛날에 증자가 제자인 자양에게 이렇게 말했다네.

'그대는 용맹스러운 것을 좋아하는가? 내 일찍이 공자에게 진정으로 큰 용기에 대해 들은 적이 있다네. 스스로 돌이켜 보아 옳지 못하면, 낡고 헐렁헐렁한 옷을 걸친 노숙자 같은 하찮은 사람 앞에서도 내 두려워 견딜 수 없지 않겠는가! 그러나 스스로 돌이켜 보아 옳다면, 천만 명의 사람 앞일지라도 나는 두려워하지 않고 대적할 수 있으리라.'

맹시사가 지키려는 것은 기력이다. 이는 증자가 올바른 자세를 지키려는 요령과는 같지 않다."

공손추가 말하였다.

"감히 묻겠습니다. 선생님이 마음의 동요가 없는 것과 고자가 마음의 동요가 없는 것, 이른 바, 두 분의 부동심의 차이에 대해 말해 줄 수 있겠습니까?"

맹자가 말하였다.

"고자는 이렇게 말하였네. '다른 사람이 한 말이 이해가 되지 않은 부분이 있어도 자기의 마음에서 억지로 생각하여 알려고 하지 말고, 마음에서 생각해도 알지 못하거든 기운에 호소하여 도움을 구하지 말라.' 내가 볼 때, '마음에서 생각해서 알지 못하거든 기운에 호소하여 도움을 구하지 말라'라는 부분은 괜찮다고 생각하네. 하지만 '다른 사람이 한 말이 이해가 되지 않은 부분이 있어도 자기의 마음에서 억지로 생각하여 알려고 하지 말라'는 부분은 옳지 않다고 생각하네. 왜냐하면 사람의 마음이 움직이는 방향인 의지는 기운을 이끄는 작용을 하고, 기운은 우리 몸에 꽉 차 있는 것이거든. 그러니까 의지가 일정한 방향으로 나아가 이르면 기운이 그것을 따라가지. 그러므로 '그 의지를 바로 잡고 자기의 기운을 지나치게 자극하여 발동시키지 말라'고 한 것이야."

공손추가 말하였다.

" '의지가 일정한 방향으로 나아가 이르면 기운이 그것을 따라간다'고 하고, '그 의지를 바로 잡고 자기의 기운을 지나치게 자극하여 발동시키지 말라'고 했는데, 무슨 말이지요?"

맹자가 말하였다.

"의지가 한결같으면 기운을 움직이고, 기운이 한결같으면 의지를 움직일 수 있다네. 지금, 자빠지기도 하고 달리기도 하는, 저런 행동은 기운에 해당하는 것이라네. 하지만, 그것 때문에 사람의 마음이 동요하게 된다네."

공손추가 말하였다.

"감히 묻겠습니다. 선생님은 어떤 부분에서 다른 사람에 비해 뛰어납니까?"

맹자가 말하였다.

"나는 다른 사람이 하는 말을 제대로 알아듣는다네. 그리고 나는 나의 호연지기浩然之氣를 잘 기른다네."

공손추가 말하였다.

"감히 묻겠습니다. 무엇을 호연지기라고 합니까?"

맹자가 말하였다.

"호연지기, 그것은 한 마디로, 정말, 말하기 어렵다네. 그 기운이 어마어마하게 크고 어마어마하게 강하다네. 올곧은 자세로 제대로 기르고 방해되는 것이 없으면, 이 호연지기는 우주자연에 꽉 차게 된다네. 우주자연에 성대하게 흘러가며 충만해질 수 있는 공명정대한 기운이라고나 할까. 그 기운은 의리와 도리가 짝이 되어 합쳐진 것이라네. 따라서 사람이 이것이 없으면, 마음에 공허감이 밀려오게 된다네. 허전해지면서 멍해지는 거지.

이 호연지기는 정의롭게 살면서 의리가 쌓이고 쌓여서 생겨나는 것이라네. 어느 날 갑자기 정의로운 행동을 조금했다고 지닐 수 있는 것이 아니라네. 행동하는 것이 마음에 충분히 녹아들지 않고 시원하지 않은 점이 있다면 허탈감이 밀려오게 마련일세. 그래서 내가 '고자는 일찍이 의리를 알지 못한다'라고 말한 것일세. 고자는 의리를 마음에 있다고 생각하지 않고 몸 밖에 있다고 생각하기 때문이지.

사람은 반드시 호연지기를 기르는 데 힘써야 하네. 특히, 정의로운 일을 하면서, 언제까지 얼마만큼의 효과를 거두겠다고 미리 작정하지 말아야 하네. 마음에 간직하여 절대 잊지 말고, 억지로 조장하지도 말아야 하네. 옛날 송나라에 이런 사람이 있었다네.

자기가 심은 곡식의 싹이 빨리 자라나지 않음을 안타깝게 여겨, 그것을 뽑아놓은 사람이 있었지. 그는 곡식의 싹을 뽑아 올려놓느라 지쳤고, 축 처진 어깨를 하고 집으로 돌아왔지. 그리고는 집안사람들에게 말했지. '오늘 나는 너무 피곤하다. 내가 곡식의 싹이 잘 자라도록 도와주었다.' 그 사람의 아들이 깜짝 놀라 밭으로 달려가 보았다네. 곡식의 싹이 이미 모조리 말라 죽어버렸다네.

이처럼, 이 세상에 곡식의 싹이 자라도록 억지로 조장하지 않는 사람이 적다네. 유익함이 없다고 하여 그냥 버려두는 사람은 밭에 김을 매지 않는 사람이고, 무리하게 잘 되게 하려고 억지로 조장하는 사람은 곡식의 싹을 뽑아놓는 사람과 같다네. 이는 유익함이 없을 뿐만 아니라, 도리어 해치는 짓이지."

공손추가 물었다.

"선생님은 '다른 사람이 하는 말을 제대로 알아듣는다'라고 하였는데, 무슨 말씀이신지요?"

맹자가 말하였다.

"편파적인 말을 들으면 그 사람이 무엇을 가리고 있는지를 알고, 지나치게 늘어놓는 말을 들으면 그 사람이 무엇에 빠져 있는지를 알며, 이치에 맞지 않는 말을 들으면 그 사람이 정도에서 벗어나 있는지를 알고, 책임을 회피하는 말을 들으면 그 사람이 어떤 궁지에 몰려 있는지를 알 수 있다네. 이런 말들은 바르지 못한 마음에서 생겨난다네. 정치지도자가 이런 생각을 가지게 되면 나라의 정치에 해를 끼치게 되지. 그것이 정치에 구체적으로 드러나면 해를 끼치는 것은 뻔한 일이지. 어

떤 훌륭한 사람이 세상에 다시 나온다하더라도 내 말

에 수긍할걸세." 「공손추」상2)

『맹자』 사자성어

1. 性善四端 성선사단
인간의 본성은 착하고 그것은 네 가지 실마리로 마음에 싹터 있다.

인의예지(仁義禮智)라는 네 가지 단서를 가지고 인간의 본성이 선함을 증명한데서 따온 말이다. 네 가지 단서는 측은(惻隱)·수오(羞惡)·사양(辭讓)·시비(是非)의 마음에서 갖춰져 있다.

2. 揠苗助長 알묘조장
곡식의 싹을 억지로 뽑아 올려 자라도록 도와준다.

묘지부장이알지(苗之不長而揠之) 구절에서 따온 말이다. 자기가 심은 곡식의 싹이 빨리 자라나지 않음을 안타깝게 여겨, 그것을 뽑아놓은 어리석은 사람의 사례를 비유한 말로, 세상 사람들의 삶이 이러함을 비판한 것이다.

3. 養氣知言 양기지언
호연지기를 기르고 사람들이 하는 말을 알아차려라.

사람이 세상의 혼탁함에 흔들리지 않고 정의를 지키려면 착한 마음을 지탱하는 기운을 기르고, 한쪽으로 치우친 사람들의 말을 분명하게 판단할 수 있어야 한다.

4. 養心寡欲 양심과욕
마음을 수양할 때 욕심을 적게 하라.

양심막선어과욕(養心莫善於寡欲)을 줄인 말이다. 사람이 욕심을 줄이면 자신의 본심을 보존하기 쉽고, 욕심을 내면 낼수록 자신의 마음을 보존하지 못하고 인생을 망치게 된다.

5. 愛人敬人 애인경인
마음을 열고 사람을 사랑하고, 겸손하게 양보하며 사람을 공경하라.

인자애인 예자경인(仁者愛人 禮者敬人)에서 따온 말이다. 사람을 사랑하는 사람은 다른 사람도 늘 그를 사랑해 주고, 사람을 공경하는 사람은 다른 사람도 늘 그를 공경으로 대한다.

6. 良知良能 양지양능

모든 인간은 태어나면서부터 잘 알고 잘 하는 능력을 지니고 있다.

불학이능자 기양능야 불려이지자 기양지야(不學而能者 其良能也 不慮而知者 其良知也)에서 따온 말이다. 사람의 능력에 대해 긍정적으로 이해하는 시각이 담겨 있는 구절이다. 배우지 않고도 잘하는 것은 태어나면서부터 저절로 잘 하는 능력이고, 생각하지 않고도 아는 것은 태어나면서부터 저절로 잘 아는 힘이다.

7. 居立行志 거립행지

사람을 사랑하는 마음으로 살고, 예의에 근거하여 일어서며, 올바른 일을 실천하고, 사람들과 더불어 뜻을 펼친다.

'대장부(大丈夫)'론의 거천하지광거 입천하지정위 행천하지대도 득지여민유지 부득지독행기도(居天下之廣居 立天下之正位 行天下之大道 得志與民由之 不得志獨行其道)의 첫 글자를 따서 만든 것이다.

8. 求得舍失 구득사실

착한 마음을 구하면 얻고 버리면 잃는다.

구즉득지 사즉실지(求則得之 舍則失之)를 줄인 말이다.

나에게 있는 인의예지의 덕을 구하면 얻고 내버려두면 잃게 된다. 구하기만 하면 얻을 수 있는 것은 인의예지의 덕이 바로 내안에 있기 때문이다.

9. 恒産恒心 항산항심

일정한 생업이 있어야 변함없이 착한 마음을 지닐 수 있다.

무항산이유항심자(無恒産而有恒心者) 구절에서 따온 것이다. 사람은 일정한 생활 근거인 생업이나 직업이 없으면, 그것 때문에 착한 마음이 없어질 수 있다. 착한 마음이 없어지면 방탕하고 편벽되고 사악하고 사치하는 길로 빠져든다.

10. 守約施博 수약시박

자신을 단속하여 올바로 지켜나가면서 사람에게 넓게 베풀어라.

수약이시박자 선도야(守約而施博者 善道也)를 줄인 말이다. 인품을 갖춘 지성인은 정의롭게 인간의 도리를 지키고, 자신을 수양하여 온 세상에 이로움을 주며 평화를 추구한다.

◇ 많은 사람들이 정의로운 사회를 열망합니다. 그 만큼 정의는 사회의 건전성을 나타내는 지표로 작용하기도 합니다. 비뚤어진 풍조를 바로 잡고 올바름을 추구하는 정의의 길은, 사회와 시대에 따라 다양하게 드러납니다. 어떤 사회에서는 정의롭게 여겨지는 일이 다른 사회에서는 정의롭지 않은 일이 되기도 합니다.

우리가 발 딛고 있는 이때 여기, 정의는 무엇일까요? 민주주의 사회에서 정의는 어떤 기준에 근거하여 설정될 수 있을까요? 내 삶과 우리 사회를 돌아보면서 정의의 기준을 찾아봅시다.

◇ 지금 내 앞에 '의리(義理)'라는 사람과 '이익(利益)'이라는 사람이 서 있습니다. '의리'는 '사람으로서 지켜야 할 도리'를 잘 지키기로 소문이 나 있고, '이익'은 '자기가 욕망하는 것을 잘 채우는' 사람입니다. 상황에 따라, 나는 이 두 사람을 수시로 만나야 합니다. 누구와 먼저 만나야 할까요?

나는 _____

_____ 와(과) 먼저 만나야 합니다.

왜냐하면 _____

_____ 때문입니다.

◇ 정의는 누구나 원하는 덕목이지만, 그 실천이 쉽지만은 않습니다. 내가 생각하는 정의가 모든 사람에게 통용되는 정의가 될 수도 있지만, 그렇지 않을 수도 있습니다. 내가 평소에 '정의롭다'고 생각하며 실천한 행동이 정말 정의로운 행위일까요? 내가 속한 공동체 조직의 문화를 성숙시킬만한 역할을 했을까요? 우리 모두가 인정할만한 정의로운 행위는 어떤 것이 있을까요? 사례를 찾아 논의해 봅시다.

필사(筆寫) 노트

性	善	四	端				
揠	苗	助	長				
養	氣	知	言				
養	心	寡	欲				
愛	人	敬	人				
良	知	良	能				
居	立	行	志				
求	得	舍	失				
恒	産	恒	心				
守	約	施	博				

제4부
『중용』

화해;

삶의 균형은 어떻게

이루어지는가

조화로운 삶을 추구하는 『중용』

인간이 사회를 만들어 사는 이유는 간단하다. 서로가 서로에게 의지하며 살아야 하기 때문이다. 그 의지의 무게중심에 조화와 협력, 화합이 자리한다. 이러한 화합과 균형을 무게중심에 두고 형성된 철학이 바로 『중용』이다. 그것은 우주자연과 인간의 삶에 역동성과 질서를 부여한다.

'중中'은 시간이 바뀌고 사물 사이의 차이와 변동에 따라 거기에 알맞은 도리다. 그러기에 평범한 일상 가운데 변통성 있는 타당성의 극치다. 다른 표현으로 하면, 최고의 삶, 지선至善의 경지가 된다. 여기에 '쓰임'을 의미하는 '용庸'이라는 말이 덧붙여졌다. '용庸'은 '용用'과 같다. 그것은 언제 어디에나 쓰이고 있고 영원불변하다. 이 세상의 모든 사물은 정도의 차이는 있지만, 어떤 형식으로건 쓰이고 있지 않은가! 그러기에 정자는 "중은 세상의 올바른 길이고, 용은 세상의 올바른 이치"라고 했다. 이런 차원에서 중용은 올바르지 않는 도리에 대한 '저항'과 정해진 이치에 어긋난 것에 대한 '거부'로 드러난다.

이는 '마음을 어떻게 쓰느냐'에 따라, 감정이 드나드는 긴장의 끈을 반성할 때, 그 윤곽이 보인다. 인간의 감정을 대표하는 기쁨[喜], 성냄[怒], 슬픔[哀], 즐거움[樂]이 표출되지 않고 마음에 고요히 있는 상태는 중中이다. 이런 점에서 중은 '사람의 마음'을 대변한다. 다시 말하면 중은 희노애락의 감정이 나타나지 않은 마음이, 외부의 어떤 대상과 교섭 없어 어떤 작용도 일어나지 않는 상태다. 이때 인간의 마음은 어느 쪽으로도 치우치지 않는다.

그러나 인간의 마음은 외부의 사물과 접촉하지 않을 수 없다. 반드시 마주하게 되어 있다. 그것이 발동되어 절도에 딱 맞는 경우를 '화和'라고 한다. 화합和合, 혹은 화해和諧, 평화平和라고 할 때, 그 화和다. 화는 인간의 삶을 지탱하는 최고의 덕목이라 해도 과언이 아니다. 마음이 대상과 교섭할 때, 때와 장소, 상황에 따라 절도를 잃지 않는 것, 절도를 지키는 것이 바로 화다. 중용의 배움은 다름 아닌 화和의 마음을 쓰는 삶의 과정이다.

인품을 갖춘 사람이 되기 위해서는, 욕망에 의해 비뚤어진, 잘못된 기질氣質을 바꾸고 바로 잡아야 한다. 훌륭한 덕성으로 그릇된 기질을 극복하면 어리석은 사람은 똑똑한 사람이 될 수 있다. 그렇지 못할 경우, 아무리 깨우치고 배움에 뜻을 두더라도 어리석은 사람은 똑똑한 사람이 되기 어렵다.

유학에서는 사람마다 지닌 착한 본성을 동일하다고 이해한다. 사람마다 제각기 재질才質의 차이가 있을 뿐이다. 어떤 사람은 조금 어둡고 어떤 사람은 조금 밝고, 어떤 사람은 조금 강하고 어떤 사람은 조금 부드럽고, 어떤 사람은 조금 맑고 어떤 사람은 조금 흐린 특성을 지녔다. 그것은 혼명昏明, 강유剛柔, 청탁淸濁이라는 기질로 형용된다.

이 기질을 다루는 중요한 방법이 '성실하려는 노력'이다. 진정성을 갖고, 자신에게 충실하고, 타자를 배려하며, 우리 모두를 위한 삶의 진실을 고려하며 사는 일이다. 그래야만 사람은 착한 본성을 회복하고, 그릇된 기질이나 약한 자질을 올바르고 강하게 변화시킬 수 있다. 아름답지 못한 자질을 변화시켜 아름답게 만들기 위해서는 무엇이 요구될까? 평소에 지속적으로 노력하는 일, 그 이상도 이하도 아니다. 그것이 화해和諧를 지향하는 '마음 씀씀이', 중용中庸이 요청하는 공부의 기초다.

1. 자연과 인간의 화해
— 그것에서 삶의 공식이 나온다

◈ 우주자연의 질서에 따라 타고난 것을 인간의 본성이라 하고, 그 본성을 따르는 것을 삶의 길이라 하며, 그 길을 끊임없이 지속하며 문명을 창출해 가는 것을 문화 제도라고 한다.

인간의 길은 일상생활을 잠시도 떠나지 못한다. 떠날 수 있다면 그것은 인간의 길이 아니다. 때문에 건전한 인성을 지닌 사람은 일상생활에서 다른 사람에게 보이지 않는 자신의 마음가짐이 흐트러지지 않도록 경계하고 삼가며, 다른 사람에게 들리지 않는 자신의 마음가짐이 흐트러지지 않도록 겁내고 두려워한다. 숨겨져 있는 것보다 잘 드러나 보이는 것은 없고, 작은 일보다 크고 환하게 나타나는 것은 없다. 때문에 건전한 인성을 지닌 사람은 혼자 있을 때도 모든 일에 대해 조심한다.

기쁨과 노여움, 슬픔과 즐거움이, 아직 행동에 나타나지 않은 것을 알맞음이라 하고, 행동으로 나타나서 이치와 도리에 딱 들어맞는 것을 호응이라고 한다. 알맞음이라는 것은 우주자연과 인간사회가 본래 그러하듯이 원래 있는 기본 질서이고, 호응이라는 것은 그 기본 질서가, 사람과 사람 사이에, 물건과 사람 사이에, 일과 사람 사이의 작용 과정에서 서로 응하여 딱 들어맞는 것, 달리 말하면 화합과 조화다.

우주자연과 인간사회의 질서가 알맞게 되고, 모든 사물 사이의 작용이 호응하게 되면, 우주자연과 인간사회가 기본 질서를 유지하고, 인간을 비롯한 모든 사물이 저마다의 삶을 완수하게 될 것이다. (제1장)

◈ 훌륭한 인품을 지닌 사람은 중용을 지키고 실천한다. 사람답지 못한 천박한 존재는 중용과 반대되는 짓거리를 일삼는다. 인품을 갖춘 사람의 중용 실천은 교육받은 사람답게 때와 장소, 처지와 상황에 따라 알맞게 한다. 배우지 못한 조무래기는 중용에 반대되는 행동을 하기에,

두려워하거나 조심하며 물러섬이 전혀 없다. (제2장)

◈ 세상에서 아는 척하는 사람은 중용의 길을 지나친다. 우
둔한 사람은 중용의 길을 제대로 파악하지 못하여 이에
미치지 못한다. 세상에서 현명하다고 하는 사람은 중용
의 길을 지나친다. 우매한 사람은 중용의 길이 무엇인지
몰라서 이에 미치지 못한다. 사람은 누구나 음식을 먹고
산다. 그러나 중용의 길을 맞추지 못하는 것처럼 음식의
참맛을 아는 사람은 적다. (제4장)

◈ 중국 고대의 지도자로 훌륭한 인품을 지닌 순임금은 참
으로 큰 지혜를 지닌 사람이다. 순임금은 다른 사람에게
묻기를 좋아했다. 평범하고 하찮은 말에도 조심하며 다
른 사람의 단점은 숨겨주고 장점은 드날려 주었다. 사람
사이에 서로 대립되는 견해는, 양쪽을 저울질하여 사람
들에게 알맞게 사용했다. (제6장)

◈ 한 나라나 한 집안을 평화롭고 공평하게 잘 다스린 사
람도 있었다. 누구나 탐내는 높은 벼슬자리나 봉급을 사

양한 사람도 있었다. 날카로운 칼날을 밟을 수 있는 용
맹스런 사람도 있었다. 하지만, 이들이라고 하여 중용을
제대로 잘 실천한다는 보장은 없다. (제9장)

◈ 세상 사람들이 '굳세게 산다'라고 할 때, 그 의미는 여러
가지가 있다. 지방에 따라서 혹은 사람의 특성에 따라서
도 뜻하는 바가 다르다. 남쪽 지방 사람들의 굳셈인가?
북쪽 지방 사람들의 굳셈인가? 아니면 지성인이 지녀야
할 굳셈인가?

너그럽고 부드러운 태도로 가르치고, 의리도 없고 도리
를 지키지 않는, 법도가 없는 행동을 하는 사람일지라
도, 그에게 보복을 하지 않는 것은, 남쪽 지방 사람들의
굳셈이다. 인품을 제대로 갖춘, 교양을 갖춘 지성인은
이렇게 산다.

창을 들고 갑옷을 입고 싸우다가, 죽어도 후회하지 않는
것은, 북쪽 지방 사람들의 굳셈이다. 무력이 센 우악스
런 사람들이 이렇게 산다.

그러므로 건전한 인성을 지닌 사람은 서로 응하여 남에
게 휩쓸리지 않는다. 이 얼마나 굳세고 꿋꿋하지 않는

가! 알맞은 곳에 서서 치우치지 않는다. 이 얼마나 굳세고 꿋꿋하지 않은가! 나라가 잘 다스려져서 벼슬하고 봉급을 받아도 곤궁할 때의 생활태도나 절개를 변하지 않고 유지한다. 이 얼마나 굳세고 꿋꿋한 삶의 태도가 아닌가! 나라가 혼란스럽게 되어 벼슬에서 물러나더라도, 나라를 사랑하고 사람을 아끼는 마음 변하지 않고 지킨다. 이 얼마나 굳세고 꿋꿋한 인생이 아닌가! (제10장)

◈ 어떤 사람은 별난 일을 찾아내고 괴이한 짓을 행한다. 후세에 그런 것을 칭찬하고 계승하는 사람이 있다. 인품을 갖추었다는 사람들은 처음에는 인간의 올바른 길을 찾아 행한다. 그러다 도중에 그만두는 경우가 있다.

훌륭한 인품을 지닌 사람은 중용에 의지하여 실천하며, 세상에서 물러나 숨어살면서 사람들에게 알려지지 않아도 후회하지 않는다. 이런 삶은 최고의 인격자만이 제대로 누릴 수 있다. (제11장)

2. 조화와 균형
─드러난 것과 숨겨진 것은 동시에 존재한다

◈ 사람다운 사람인 건전한 인격자의 삶, 그 중용의 길은
그 작용이 밝아서 쓰임이 넓고 그 본체는 은미하게 숨
겨져 잘 드러나지 않는다.

중용의 길은 평범한 부부가 함께 생활하며 자식을 낳고
기르는 일상 가운데서도 알 수 있다. 그러나 중용의 핵
심에 대해서는 최고 인격자라고 할지라도 세세하게 다
알지 못하는 부분이 있다. 평범한 부부처럼 잘 나지 못
한 사람도 중용을 실천할 수 있다. 그러나 중용의 핵심
에 대해서는 최고 인격자라고 할지라도 세세하게 모두
실천하지 못하는 부분이 있다.

우주자연의 질서는 너무나 위대하다. 사람은 그 위대한
우주자연의 질서를 모두 파악하지 못하기에 늘 불안한

마음에 걱정이다. 그러므로 교양 있는 지성인이 아무리 큰 틀에서 중용을 말하더라도 세상 사물의 중용을 모두 담지는 못한다. 아무리 작은 틀에서 중용을 말하더라도 세상에 보이지 않는 중용을 깨트릴 수는 없다.

인품을 제대로 갖춘, 교양을 갖춘 사람, 그가 실천할 삶의 단서는 평범한 부부 생활에서 비롯된다. 그 정확한 모습은 우주자연의 질서를 통해 드러난다. (제12장)

◈ 중용의 길은 인간의 삶과 멀리 떨어져 있지 않다. 사람이 일상을 살아가면서 삶에 필요한 합당한 도리를 멀리하면 그것은 사람의 길이라고 할 수 없다.

『시경』에 이런 노래가 있다.

도끼자루를 베는구나/ 도끼자루를 베는구나/ 그 방법은 멀지 않네!

사람들은 도끼자루를 잡고 도끼자루를 벤다. 그 장면을 눈을 흘겨 바라보며, 같은 도끼자루를 베면서 그 방법이 멀리 있다고 한다. 때문에 인품을 갖춘 지도자는 그 사람의 타고난 본성을 기준으로 사람을 다스리다가, 사람다운 사람으로 되돌아오면 그것으로 멈춘다. 자기 마음을 다하는 충실과 남을 이해해 주는 배려는 중용의 길과 멀리 떨어져 있지 않다. 자신에게 베풀어 보아 원하지 않는 것은 남에게도 베풀지 말라!

건전한 인품을 갖춘 인격자, 그 인생의 길에 네 가지가 있다. 사람들은 그것을 제대로 실천하지 못한다. 자식에게 효도해 주기를 바라면서 자신은 정작 부모를 제대로 섬기지 못하고, 아래 참모나 보좌관에게 맡은 일 다해주기를 바라면서 자신은 정작 위의 최고지도자를 제대로 섬기지 못한다. 아우에게는 존중해줄 것을 바라면서 자신은 정작 형을 제대로 섬기지 못하고,. 벗에게 우정과 신뢰가 있기를 바라면서 자신은 정작 먼저 그에게 제대로 베풀지 않는다.

평범한 덕을 실천하고, 평범한 말에 조심하며, 행실에 부족함이 있으면 애써 고치려고 노력해야 한다. 착한 행실을 충분하게 실천했다면, 지나치게 더할 필요는 없다. 이때 말은 행실을 돌아보며, 행실은 말을 돌아보아야 한다. 그러니 훌륭한 인품을 갖춘 지성인으로서 어찌 착실

하지 않을 수 있겠는가? (제13장)

◈ 훌륭한 인품을 갖춘 지성인은 자신의 현재 위치에 따라 행동하고, 분수에 벗어나는 일을 하지 않는다. 자신이 부귀를 확보하고 있다면, 부귀를 지닌 만큼 그 자리에 알맞게 해당하는 일을 실천한다. 빈천한 처지에 있다면, 빈천한대로 그 자리에 알맞게 해당하는 일을 실천한다. 문화가 다른 나라에서 살게 되었다면, 문화가 다른 만큼 그 자리에 알맞게 해당하는 일을 실천한다. 근심과 재난을 맞닥뜨렸다면, 걱정 근심을 주의하면서 그 자리에 알맞게 해당하는 일을 실천한다. 이와 같이 지성인은 어떤 상황에서나 자신의 본분에 따라 알맞게 일을 처리한다. 높은 자리에 있다고 해서 낮은 자리에 있는 사람을 업신여기지 않는다. 낮은 자리에 있다고 해서 높은 자리에 있는 사람에게 빌붙거나 의지하지 않는다. 자신을 바르게 하고 남에게 바라지 않으면 아무런 원망이 없다. 위로 하늘을 원망하지 않으며 아래로 사람을 탓하지도 않는다. 그러므로 교양을 갖춘 사람은 자연스럽게 처신하며 운명을 기다리고, 교양이 없는 조무래기들은 위험한

짓거리를 하면서 요행을 바란다. (제14장)

◈ 먼 곳을 가려면 반드시 가까운 곳에서 출발하고, 높은 곳
을 오르려면 반드시 낮은 곳에서 시작해야 한다. (제15장)

◈ 우주자연이 굽혔다 폈다 하며 작용하는 조화의 힘은 참
으로 대단하다. 우주자연의 움직임은 그 형상을 보려고
해도 보이지 않고, 그 소리를 들으려 해도 들리지 않는
다. 하지만 모든 사물이 존재하는 근간이 되므로 그 기
능과 작용이 빠질 수 없다. (제16장)

◈ 중국 고대의 순임금이야말로 정말 세상에서 가장 큰 효
도를 한 사람이다. 덕망으로 보면 최고의 인격자가 되었
고, 지위로 보면 최고의 지도자가 되었으며, 부유함으로
보면 세상의 모든 것을 가진 최고의 부자가 되었다. 살
아 있을 때는 선조들을 종묘에 받들어 모셨고, 죽은 후
에는 후손들이 또 받들어 모시게 하여, 자손들이 잘 보
존되고 대대로 복록을 누리게 했다.
때문에 큰 덕망을 지닌 사람은 반드시 그에 걸 맞는 지

위를 얻으며, 반드시 그에 어울리는 복록을 얻으며, 반드시 그에 합당한 명성을 얻으며, 반드시 그 만큼 장수를 누린다. 우주자연은 모든 사물을 생성할 때, 반드시 저마다의 재질에 따라 속성을 부여한다. 따라서 뿌리를 박고 위로 자라나려는 것은 북돋아 주고, 기울어져 자빠지려는 것은 덮어 준다. (제17장)

3. 인간의 도리와 질서
― 우리가 꿈꾸는 삶의 비전이다

◈ 사람으로서 힘써야 할 길은 정치를 어떻게 하느냐에 잘 드러난다. 그것은 땅의 특성에 따라 수목이 자라는 것과 같다. 이런 점에서 정치라는 것은 물가에서 쉽게 나고 잘 자라는 창포나 갈대와도 유사하다.

정치를 잘하고 못하는 것은 사람에게 달려 있다. 어떤 사람을 참모로 쓰거나 보좌관으로 임명하는 일은 지도자가 직접 한다. 지도자는 직접 인재를 등용하여 써야하기 때문에, 인간의 길이 무엇인지, 그 합당한 도리를 분명하게 밝혀야 한다. 인간의 길을 밝힐 때는, 진정, 사람을 사랑하는 마음으로 해야 한다.

사람을 사랑하는 마음은 사람 사이에서 그들을 상대 하는 일이다. 그러다보니 나와 가장 가까운 혈육인 친인척에 대해 친절하게 하는 것이 하나의 잣대가 되고 중요한 일이 된다. 사람의 도리는 마땅히 해야 하는 일을 말한다. 그것은 지혜롭고 똑똑한 사람을 존중하는 것에서 비롯되기에, 이 일이 가장 중요한 것이 된다. 친인척을 사랑하는 데도 차이가 있고, 똑똑한 사람을 존중하는 데도 차등이 있다. 그러기에 예의와 예절이 생기는 것이다. (이하 제20장)

◈ 한 나라의 지도자가 정치를 잘하기 위해서는 스스로 수양을 하지 않을 수 없다. 자신을 수양하려고 생각하면 부모를 모시고 효도를 다해야 한다. 부모를 모시고 친인척을 섬기며 받들 일을 생각하면 사람을 제대로 파악하여 현명한 참모를 가려서 써야 한다. 사람을 제대로 파악하려면, 우주자연의 질서가 어떻게 돌아가는지, 그 이치를 정확하게 아는 데까지 이르러야 한다.

인간 사회에는 모든 사람에게 두루 통하는 보편적인 길, 사람의 도리에 해당하는 것이 다섯 가지가 있다. 그것을 실천하게 만드는 근거는 세 가지다. 지도자와 참모, 부모와 자식, 남편과 아내, 형제자매, 친구 사이의 사귐, 이

다섯 가지가 일상생활에서 마땅히 실천해야 하는 보편적인 사람의 도리다. 지, 인, 용, 이 세 가지는 모든 사람에게 두루 통하는 보편적인 덕목인데, 그것을 실천하게 만드는 바탕은 하나다.

어떤 사람은 태어나면서부터 그 길을 알고, 어떤 사람은 배워서 알게 되며, 어떤 사람은 엄청나게 노력해서 알게 되기도 한다. 하지만 사람의 도리를 알게 된다는 차원에서는 동일하다. 어떤 사람은 힘들이지 않고 편안하게 그 길을 실천하고, 어떤 사람은 잘 해서 이롭게 하여 실천하게 되며, 어떤 사람은 애써서 강하게 하여 실천하게 되기도 한다. 하지만 실천하여 성공한다는 차원에서는 동일하다.

배우기를 좋아하는 것은 지에 가깝고, 실천하는 데 힘쓰는 것은 인에 가까우며, 부끄러움을 아는 것은 용에 가깝다. 지智·인仁·용勇! 이 세 가지를 알면 자신이 왜 수양을 하는지 그 근거를 알게 된다. 자기 수양의 근거를 알게 되면, 왜 다른 사람을 다스려야 하는지 그 근거를 알게 된다. 다른 사람을 다스리는 근거를 알게 되면, 자신이 속한 집안과 나라, 나아가 온 세상을 왜, 어떻게 다스려야 하는지 그 이유를 알게 된다.

◈ 이 세상과 나라, 집안을 다스리는 데 필요한, 당연히 해
야 할, 아홉 가지 기준이 있다. 그것은 첫째, 자기 수양,
둘째, 지혜로운 사람에 대한 존중, 셋째, 부모 및 친인척
에 대한 사랑, 넷째, 고위급 공직자에 대한 존경, 다섯째,
참모나 보좌관에 대한 보살핌, 여섯째, 서민에 대한 자
식 같은 내리사랑, 일곱째, 모든 업종의 기술자에 대한
우대, 여덟째, 이방인이나 객지에 있는 사람에 대한 배
려, 아홉째, 정치지도자에 대한 예우 등이다.
지도자가 자기 수양을 하면 인간으로서 가야 할 길이
확립된다. 지혜로운 사람을 존중하면 의혹이 없어진다.
부모 및 친인척을 사랑하면 친인척 형제자매 사이에 서
로 원망하지 않는다. 고위급 공직자를 존경하면 정치 질
서가 바르게 된다. 참모나 보좌관을 보살피면 공직자들
이 본분에 충실하여 열심히 일하게 된다. 서민을 자식처
럼 사랑하면 사람들이 서로 잘 살자고 권장한다. 모든
업종의 기술자를 우대하면 생산성이 높아져서 나라의
재물이 풍족해진다. 이방인이나 객지에 있는 사람을 배

려하면 다른 나라에서 귀한 손님들이 몰려올 것이다. 정치지도자를 품어주고 그에 맞게 예우해주면 세상의 모든 사람들이 존경을 표할 것이다.

지도자가 안으로는 순수한 맑은 마음을 지니고 겉으로는 단정한 차림으로 하여, 예의가 아니면 움직이지 않는 것은 수양의 기초다. 남을 해치지 않고 색욕을 멀리하며 재물을 지나치게 밝히지 않고 덕망 있는 사람을 소중하게 여기는 것은 지혜로운 사람이 활동할 수 있게 하는 바탕이다. 집안사람 중에서 높은 자리에 있는 사람을 대우해 주고 봉급을 그 자리에 맞게 챙겨 주며, 좋아하고 싫어하는 것을 함께 하는 것은 가까운 일가친척을 사랑하도록 권장하는 바탕이다. 여러 공직자에게 일을 맡길 수 있도록 자율성을 부여하는 것은 고위급 공직자들이 자부심을 갖게 하는 기초다. 본분에 충실하고 신뢰감을 주며 봉급을 그에 맞게 주는 것은 하급 관리들이 자긍심을 갖게 하는 기초다. 때에 맞추어 일을 부리고 세금을 적게 거두어들이는 것은 서민들을 잘 살게 하는 바탕이다. 매일 혹은 월별로 수시로 살펴 일에 맞게 봉급을 주는 것은 여러 기술자들에게 생산력을 높이게 하는 바탕이다. 떠나가는 사람을 잘 보내고 찾아오는 사람을 잘 맞이하며 잘하는 사람을 칭찬해주고 능력이 좀 떨어지는 사람을 격려해주는 것은 이방인이나 객지 사람들에게 동기를 부여해 주는 일이다. 대가 끊어진 집안의 대를 이어주고, 망해가는 나라를 돌봐주며, 혼란스러운 것을 바로잡아주고, 위태로운 것을 유지하도록 하며, 보고를 받는 조회와 사람을 맞이하는 초빙을 때에 맞게 하고, 물건을 보낼 때는 두텁게 하고 가져올 때는 엷게 하는 것은 정치지도자들이 활동하는 활력소가 된다.

◈ 이 세상과 나라, 집안을 다스리는 데 필요한, 당연히 해야 할, 아홉 가지 기준이 있다. 하지만 그것을 실천하게 만드는 바탕은 한 가지다.

모든 일은 미리 준비하면 잘 이루어지고, 미리 준비하지 못하면 제대로 되지 않는다. 말이 미리 정해져 있으면 막히지 않고, 일이 미리 정해져 있으면 당황하지 않게 된다. 행동이 미리 정해져 있으면 탈이 생기지 않고, 사람의 길이 미리 정해져 있으면 어떤 길을 가더라도 궁색하지 않게 된다.

아랫자리에 있으면서 윗사람에게 신임을 얻지 못하면 사람을 다스릴 수 없게 된다. 윗사람에게 신임을 얻는 데도 방법이 있다. 친구들에게 신뢰를 얻지 못하면 윗사람에게도 신임을 얻지 못할 것이다. 친구에게 신뢰를 얻는 데도 방법이 있다. 부모에게 효도하고 순종하지 못하면 친구에게도 신뢰를 얻지 못할 것이다. 부모에게 효도하고 순종하는 데도 방법이 있다. 자기 스스로 돌아보아 성실하지 않으면 부모에게 효도하고 순종하지 않을 것이다. 자기 스스로 돌아보아 자연스럽게 인간의 도리를 실천하게 하는 것에도 방법이 있다. 착한 일이 무엇인지 제대로 알지 않으면 스스로 자연스럽게 인간의 도리를 실천하지 못할 것이다.

자연스러운 것은 우주자연의 길이고, 자연스럽게 사람의 도리를 이행하려는 것은 인간의 길이다. 자연스러운 사람은 어떤 일이건 애써 힘들이지 않아도 척척 들어맞고, 생각하지 않아도 마음에 터득되며, 저절로 자기 길을 찾는다. 이것이 최고의 인격자다. 자연스럽게 사람의 도리를 이행하려는 인간은 착한 것을 선택하여 굳게 잡는 사람이다.

자연스럽게 사람의 도리를 이행하기 위해서는, 넓게 많은 것을 배우고, 자세하고 세밀하게 물으며, 신중하게 깊이 생각하고, 분명하고 바르게 판단하며, 확실하게 최선을 다해 실천해야 한다.

자연스럽게 사람의 도리를 이행하는 법, 그 중용의 길에 대해, 배우지 않을 수도 있다. 그러나 배운다면 능통하지 않고서는 그만두지 말아야 한다. 묻지 않을 수도 있다. 그러나 묻는다면 알지 않고서는 그만두지 말아야 한다. 생각하지 않을 수도 있다. 그러나 생각한다면 얻지 않고서는 그만두지 말아야 한다. 판단하지 않을 수도 있다. 그러나 판단한다면 분명하게 밝히지 않고서는 그만두지 말아야 한다. 실천하지 않을 수도 있다. 그러나 실천한다면 확실해지지 않고서는 그만두지 말아야 한다. 다른 사람이 한 번에 잘하게 되면 자기는 백 번을 하더라도 잘 할 수 있을 때까지 하고, 다른 사람이 열 번에 잘하게 되면 자기는 천 번을 해서라도 잘 할 수 있을 때까지 해야 한다.

진정으로 이 다섯 가지 공부를 제대로 할 수 있다면, 어리석은 사람일지라도 반드시 총명해질 것이고, 유약한 사람일지라도 반드시 굳센 사람이 될 수 있으리라!

◆ 우주자연의 본연인 자연스러움에 근거하여 본래 환하게 드러나는 것을 사물의 본성이라고 한다. 본래 환하게 드러난 덕성에 근거하여 자연스럽게 사람의 도리를 이행하려는 것은 공부를 어떻게 하느냐에 달려 있다. 자연스러우면 환하고 알차게 드러나고, 환하고 알차게 드러나면 우주자연의 질서처럼 자연스럽게 된다. (제21장)

◆ 세상에서 우주자연의 섭리를 가장 자연스럽게 체득한 사람만이 그 본성을 모조리 발휘할 수 있다. 그 본성을 모조리 발휘할 수 있으면 인간의 본성에서 나오는 사람의 도리를 다 할 수 있다. 사람의 본성을 모조리 발휘할 수 있으면 다른 사물의 본성을 이해하고 그 사물의 이치를 파악하여 처리할 수 있다. 사물의 본성과 이치를 모두 파악하게 되면, 우주자연의 모든 존재가 조화를 이루고 어울려 사는 데 일조할 수 있다. 이렇게 되면 우주자연의 조화에 일조할 뿐만 아니라 우주자연의 질서에 동참하여 함께 살 수 있다. (제22장)

◈ 세상에서 우주자연의 섭리를 가장 자연스럽게 체득한
사람의 다음 단계, 즉, 그것을 배워서 알고 마침내 자연
스러움에 도달하는 사람은, 사소한 부분에 최선을 다하
고 자질구레한 일에 대해서도 부분적이나마 그 덕성을
이룬다. 자질구레한 일의 한 구석에도 자연스럽게 알맹
이가 차도록 할 수 있다.

속으로 자연스럽게 알맹이가 차면 밖으로 드러난다. 밖
으로 드러나면 그 모습이 뚜렷하게 보인다. 모습이 뚜렷
하게 보이면 그 사람의 본질이 밝게 빛난다. 사람의 본질
이 밝게 빛나면 그것에 근거하여 적극적으로 움직인다.
사람이 움직이면 다른 사람에 적절하게 응하며 변한다.
이렇게 적절하게 여러 사람과 마주하며 변해가면, 다른
사람도 함께 느껴져서 자연스럽게 모든 사람이 제자리
를 찾아 자신의 삶을 영위할 수 있다. 이 세상의 가장 자
연스러운 사람만이 인간 사회를 문명화하여 더불어 살
게 할 수 있다.(제23장)

◈ 가장 자연스러운 우주자연의 길, 일상생활에 합당한 인
간사회의 도리는, 배우고 묻고 생각하고 판단하며 실천

하는 공부를 통해, 사전에 알 수 있다. 한 나라나 집안이 흥하려 할 때는 반드시 복이 올 조짐이 있고, 한 나라나 집안이 망하려 할 때는 반드시 불길한 징조가 있다. 때문에 이것이 점괘에 보여 지기도 하고 사람의 행동에 드러나기도 한다. 불행이나 행복이 오려고 할 때도 마찬가지다. 행복한 일도 반드시 먼저 알게 되고, 불행한 일도 반드시 먼저 알게 되기 마련이다. 그러므로 가장 자연스러운 우주자연의 길, 일상생활에 합당한 인간사회의 도리는 불가사의한 작용처럼 은밀하게 펼쳐져 있지만, 온전하고 분명하게 알 수 있다. (제24장)

◈ 우주자연의 질서는 모든 사물이 저절로 이루어지는 바탕이다. 인간사회의 길은 인간 자신이 바른 일을 하며 마땅히 가야할 도리다. 우주자연의 질서는 모든 사물의 존재 근거이고, 최고의 인격자는 모든 인간의 존재 근거다. 때문에 우주자연의 질서나 최고인격자의 본성이 제대로 구비되지 않으면 모든 사물은 존재 근거를 상실한다. 지성인이나 교양인은 만물의 존재 근거인 우주자연의 섭리이자 자연스럽게 알찬 인성을 귀중하게 여긴다.

우주자연의 섭리나 알찬 인성은 자기를 완성하는 데서 끝나지 않는다. 만물을 완성하는 바탕임을 자임한다. 자기를 완성하는 것은 타자에게로 달려갈 사랑하는 마음을 갖추는 일이고, 타자를 완성하는 것은 타자와 함께 어울리려는 지혜다. 이는 사람의 본성이 지닌 덕성으로, 나의 마음과 너의 마음, 우리 모든 사람이 만나서 더불어 가는 삶의 길이다. 그러므로 때에 따라 가장 알맞게 쓰고 적절하게 조치해야 한다. (제25장)

◈ 가장 자연스런 우주자연의 질서는 쉬지 않는다. 그침이 없다! 쉬지 않으므로 오래 지속하게 되고, 오래 지속하게 되므로 모든 사물에 영향력을 미쳐 효과를 나타낸다. 사물에 영향을 미쳐 효과를 나타내면서 저 멀리까지 사방에 더 큰 효력이 미친다. 멀리까지 사방에 효력이 미치게 되면서, 땅은 보다 넓고 두터워진다. 땅이 넓고 두터워지면서 하늘은 그만큼 높고 밝게 된다.

넓고 두터운 것, 땅은 모든 사물을 싣는 바탕이다. 높고 밝은 것, 하늘은 모든 사물을 덮는 바탕이다. 하늘과 땅이 멀리까지 사방에 효력이 두루 미치는 것은 모든 사물을 이루는 근거다. 넓고 두터운 것은 모든 사물을 싣는 바탕으로서 땅과 같다. 높고 밝은 것은 모든 사물을 덮는 바탕으로서 하늘과 같다. 멀리까지 사방에 효력이 두루 미치는 것은 모든 사물을 이루는 근거로서 시간적으로나 공간적으로 무궁무진하게 나타난다. 이와 같은 우주자연의 질서는 보이지 않아도 나타나고, 움직이지 않아도 바뀌며, 하는 것이 없어도 이루어진다. (이하 제26장)

◆ 하늘과 땅, 우주자연의 길은, 딱 한 마디 말로 정돈할 수 있다. 만물을 낳고 기른다는 측면에서 하늘과 땅은 제각각의 역할과 기능이 있지만, 그것은 서로 다른 두 가지의 차원에서 논의할 수 없다. 가장 아름다운 우주자연의 질서! 그것은 딱 한 가지일 뿐이다.

그러기에 만물을 생성하는 작업이 어느 정도인지 헤아릴 수 없다. 하늘과 땅, 그 우주자연의 길은 넓게 퍼지고, 두텁게 쌓이고, 높게 오르고, 밝게 빛나며, 멀리 뻗어나가고, 오래 지속하리라.

지금 우리가 마주하고 있는 저 하늘은, 반짝거리며 빛나는 투명한 공간이 넓게 펼쳐진 곳이다. 그 끝없는 세계에 이르러서는 해와 달, 수많은 별과 별자리가 매달려 있고, 만물을 덮어 주고 있다.

지금 우리가 마주하고 있는 저 땅은, 한 줌의 흙이 엄청나게 쌓이고 쌓인 것이다. 그 넓고 두터운 차원에서 보면 화산이나 악산과 같은 큰 산악이 우뚝 솟아 있어도 무겁지 않고, 강과 바다가 철철 넘치며 흘러가도 물이 새지 않으며, 만물을 실어 주고 있다.

지금 우리가 마주하고 있는 저 산은, 한주먹만한 돌이 많이 모여 이루어진 것이다. 그 넓고 큰 가치의 차원에서 보면, 온갖 초목이 자라고 온갖 짐승들이 살고 있으며, 수많은 지하자원이 생산된다.

지금 우리가 마주하고 있는 저 강물은, 한 잔의 물이 헤아릴 수 없이 많이 모인 것이다. 그 측량하기 힘든 가치의 차원에서 보면, 온갖 물고기를 비롯하여 자라와 거북이, 악어 등이 살고 있어, 재물이 번식하는 곳이다.

◆ 최고인격자의 덕성, 그 길은 참으로 원대하다! 온 세상에 끝없이 흘러 퍼지고, 만물이 스스로 성장하여 생명력을 펼칠 수 있게 하니, 그 높고 크기가 하늘에 닿을 듯하

다. 이런 최고의 인격자가 있어야 반듯한 정치가 제대로 시행되리라. 때문에 옛날부터 "진정으로 최고의 인격이나 덕성을 갖춘 사람이 아니면, 인간의 삶을 합리적으로 이끌어가는 최고의 윤리 도덕을 실현할 수 없다!"고 했다. 인품을 제대로 갖춘 지성인은, 선천적으로 갖춘 착한 덕성인 인성을 자각하고 존중하여, 그 자연스러움에 대해 배우고 묻는 것을 자신의 길로 인식한다. 그 길이 넓고 큰 것을 알아 사물을 마주하여 처리할 때 자세하고 은미한 것까지도 모두 파악한다. 그 길이 높고 밝은 것을 끝까지 구명하여 일상에서 알맞게 운용되도록 중용의 길을 따른다. 옛날의 학문을 익히면서 새것을 안다. 최고지도자, 인격자로서의 덕성을 더욱 두텁게 함양하여 자신은 물론 사람들이 예의범절을 실천할 수 있게 한다.

때문에 지성인은 위의 높은 자리에 있어도 교만하지 않고, 아랫사람이 되어서는 배반하지 않는다. 나라가 잘 다스려져 안정된 시기에, 그는 정치적 전략 전술 계획을 주도하여 충분히 나라를 흥성하게 한다. 나라가 제대로 다스려지지 않는 혼란의 시기에, 그는 은퇴하여 침묵하며 덕성을 보존하며 사람들에게 희망을 줄 수 있다. (제27장)

◆ 인간의 도리가 무엇인지도 모르는 우매한 자는, 무턱대고 자기의 그릇된 주장이나 편견이 사람들에게 들어 먹히고 그것이 쓰이기를 좋아한다. 낮은 자리에 있는 비천한 자는 혼자서 제멋대로 일처리하기를 좋아한다. 지금 세상에 태어나 살면서 옛날의 생활방식으로 돌아가려는 자도 있다. 이렇게 하는 자들은 재앙이 그의 몸에 미치리라.

이 세상에서 최고의 인격을 갖춘 지도자가 아니면, 함부로 사람이 살아가는 데 필요한 예절이나 규범을 논의하지 못하고, 사회의 여러 가지 문물제도, 법률을 제정하지 못하며, 나라의 문서나 기록을 통일된 문자로 정돈하지 못한다. 지도자의 자리에 있으나, 진정으로 그 자리에 어울리는 덕망이 없으면, 함부로 사회를 운용할 수 있는 문물제도, 법률을 제정하지 못한다. 최고인격자로서 덕망이 있으나, 진정으로 그 덕망에 어울리는 자리가 없으면, 또한 함부로 사회를 운용할 수 있는 문물제도나 생활 지침을 제정하지 못한다. (제28장)

◆ 이 세상을 제대로 다스리기 위해서는 세 가지 중요한 조

건이 있다. 그 세 가지는 의례와 제도와 정사 기록이다. 이 세 가지를 제대로 갖추어 실천하면 실수가 적으리라. 옛날의 예법은 그것이 아무리 훌륭한 것이라 할지라도 증명할 방법이 없다. 증명할 방법이 없기 때문에 그것을 믿고 받들 수 없다. 믿고 받들 수 없기 때문에 사람들이 따르지 않는다. 요즘 시대, 최고의 인격자이면서도 그에 어울리지 않는 아랫자리에 있는 사람은 예법을 잘 알고는 있으나, 예법을 논의하고 제정할 만한 최고지도자의 자리에 오르지는 못했다. 최고지도자의 자리에 있지 않으므로 그 사람을 믿지 않았고, 믿지 않으니 사람들이 따르지 않았다.

때문에 지도자가 세상을 다스리는 방법은 자신의 덕행을 바탕으로 사람들에게 실제로 그 효과가 나타나게 해야 한다. 우주자연의 이법에 비추어보아서도 어긋나지 않고, 구부리고 펴는 귀신의 이치에 비추어 보아도 딱 들어맞아야 한다. 이렇게 된다면, 그것은 어떤 시대에 내놔도 의심받지 않는 올바른 방법으로 통하리라. 구부리고 펴는 귀신의 이치에 비추어 보아 딱 들어맞는 것은 우주자연의 질서를 아는 것이다. 어떤 시대에 내놔도

의심받지 않는 올바른 방법이 되는 것은 사람의 도리를 아는 일이다.

때문에 지도자가 이 세상에서 어떤 언행을 하게 되면, 그것은 사람들이 합리적으로 살아가는 삶의 도리가 된다. 행동으로 옮기면 그것은 세상의 법도가 되고, 말을 하게 되면 그것은 세상의 본보기가 된다. 따라서 멀리 있는 나라 사람들도 그런 지도자를 우러러보고, 가까이 있는 이웃 나라 사람들도 싫어하지 않는다. (제29장)

◈ 하늘과 땅은 만물을 실어주어 살아가게 하고, 덮어주어 살아가게 한다. 또한 일 년의 사계절은 질서에 따라 변화하고 해와 달이 낮과 밤을 교대로 밝혀준다. 이 광활한 우주에는 만물이 어울려 자라나면서도 서로 방해하지 않는다. 우주자연의 이치와 인간사회의 법칙이 함께 행해져도 서로 어긋나지 않는다. 작은 덕은 냇물이 저마다 흐르는 것과 같고, 큰 덕은 우주자연의 질서에 따라 만물이 조화를 이루며 어울려 살아가는 것과 같다. 이것이 우주자연이 위대한 이유다. (제30장)

◆ 이 세상에서 지도자만이 총명과 예지의 인성을 지니고 있으면서, 사람들에게 제대로 된 올바른 정치를 베풀 수 있다. 너그럽고 넉넉하며 온화하고 부드러운 태도로 사람들을 포용할 수 있다. 사물의 사이 세계에 재빠르게 호응하고, 쉬지 않고 힘쓰며, 의연한 태도로 정의를 굳게 잡을 수 있다. 단정하고 씩씩하며, 알맞고 바르게 하는 태도로 모든 사람에게 공경할 수 있다. 모든 일에 절도 있고 조리가 있으며, 치밀하게 탐구하여 사물의 이치를 충분히 제대로 살필 수 있다.

지도자의 지혜와 덕망은, 이 세상을 두루 돌고 넓게 퍼지며, 고요하고 깊은 샘이 솟듯이 졸졸 흘러나오면서도, 때에 맞추어 적절하게 나타난다. 이 세상에 두루 돌고 넓게 퍼질 때, 그 넓기는 우주자연의 광활함과 같고, 고요하고 깊은 샘이 솟듯이 졸졸 흘러나올 때, 그 깊이는 큰 연못에 물이 고여 바닥을 알 수 없는 것과 같다. 이러한 지도자의 지혜와 덕망이 밖으로 드러나면 사람들 모두가 공경하게 된다. 말로 하면 사람들 모두가 믿고 따른다. 행동으로 나타나면 사람들 모두가 기뻐하게 된다.

그러므로 지도자의 명성은, 자기 나라의 중심부는 물론

주변의 나라까지도 퍼져서 드날리게 되고, 저 멀리 외국에까지도 뻗어나가 영향을 미치게 된다. 배나 수레로 갈 수 있는 바다나 육지, 사람의 힘으로 갈 수 있는 모든 곳, 하늘과 땅 사이에 해와 달이 비치고, 서리와 이슬이 내리는 곳, 이 모든 곳에 사는 인간은 모두 그 최고의 인격자를 존경하고 친애하게 된다. 때문에 최고의 지도자, 최고의 인격자, 최고의 지성인은 우주자연과 짝을 이룬다고 말하는 것이다. (제31장)

◈ 이 세상에서 우주자연의 질서를 가장 자연스럽게 간직한 사람만이, 세상을 다스리는 법칙인 윤리를 세워 그것을 경영하고 처리할 수 있다. 우주자연과 인간사회가 본래 그러하듯이 원래 있는 기본 질서를 세울 수 있다. 또한 우주자연의 조화 가운데 만물이 자라나 생명력을 얻게 됨을 알 수 있다. 어찌 다른 것에 의존해서 그렇게 될 수 있겠는가? 가장 자연스런 우주자연의 질서, 그 공용의 결과일 뿐이다.

자연스럽고 알찬 저 사람을 사랑하는 마음으로 세상을 경영하라. 고요하고 깊은 저 연못 같은 덕망으로 기본 질서를 세우라. 높고 넓은 저 하늘 같은 지혜와 덕성으로 온 세상을 감화하라. 진정으로 총명하고 지혜로워서 우주자연의 섭리에 통달한 사람이 아니면, 그 누가 제대로 알아서 잘 다스릴 수가 있겠는가? (제32장)

◈ 인품을 제대로 갖춘 지성인의 길은 어두운 것 같으면서도 날로 빛나고, 교양 없는 조무래기의 길은 밝게 반짝이는 것 같지만 날로 시들며 꺼져간다. 인품을 갖춘 지성인의 길은 싱거우면서도 싫지 않고, 간결하면서도 세련미가 있으며, 온화하면서도 조리가 바르다. 먼 데 것은 가까운 데서 시작됨을 알고, 바람이 어디에서 불어오는지 그 근원을 알며, 은미하게 숨겨진 것이 뚜렷하게 드러남을 안다. 이런 차원을 제대로 알아야, 인간으로서 어떻게 살아야 하는지, 덕망을 닦는 경지로 들어갈 수 있다.

인품을 갖춘 지성인은 내면으로 자신을 반성하여 잘못을 없게 하고 마음에 부끄러움을 없게 한다. 교양을 제대로 갖추지 못한 보통 사람들은 지성인을 따라오지 못한다. 왜냐하면 지성인은 사람들이 보지 않는 곳에서도 스스로 삼가는데, 보통 사람은 그렇지 못하기 때문이다. 인품을 갖춘 지성인은 움직이지 않아도 남들이 공경하고, 말하지 않아도 남들이 믿는다. 사람들에게 보상을 해주지 않아도 사람들이 스스로 부지런히 일하고, 특별히 화를 내지 않아도 사람들이 형벌을 주는 것보다 두려워한다. 최선을 다하여 공경하는 마음으로 사람을 대하면, 그 마음이 드러나 보이지 않아도 세상은 평화롭게 잘 다스려진다. (제33장)

『중용』사자성어

1. 命性道教 명성도교

인간의 본성은 자연의 질서를 본받아 그에 맞는 길을 가고 그것이 사회의 문화를 이룬다.

『중용』의 첫 구절인 천명지위성 솔성지위도 수도지위교(天命之謂性, 率性之謂道, 脩道之謂敎)의 마지막 글자를 따서 조합한 말이다.

2. 中庸時中 중용시중

중용의 실천은 때에 알맞게 하는 일이다.

군자지중용야 군자이시중(君子之中庸也 君子而時中)에서 따온 말이다. 올바른 인품을 지닌 사람은 중용을 지키고 실천하는데 때와 장소, 처지와 상황에 따라 알맞게 한다.

3. 過之不及 과지불급

상당수의 사람들이 가장 알맞은 방식을 지나치거나 미치지 못한다.

지자과지 우자불급(知者過之 愚者不及)을 줄인 말이다. 인간의 삶에서 균형과 조화를 이루는 중용의 길은 지나치거나 미치지 못하기 때문에 제대로 이행되지 않는 경우가 많다.

4. 費隱造端 비은조단

인간의 삶은 겉으로는 너무나 역동적이지만 그 알맹이는 은미하게 숨겨져 있어, 드러나고 숨겨진 이 사이 세계에서 세상일의 조짐이 움튼다.

군자지도 비이은 조단호부부(君子之道 費而隱 造端乎 夫婦)에서 따온 말이다. 훌륭한 인품을 갖춘 사람의 삶 은 그 작용이 밝아서 쓰임이 넓고, 그 본체는 은미하게 숨겨져 잘 드러나지 않으므로 징조를 제대로 보아야 한다.

5. 忠恕不遠 충서불원

자기 마음을 다하는 충실과 타인을 이해해 주는 배려는 삶을 조화롭고 균형 있게 하는 길과 멀지 않다.

충서위도불원(忠恕違道不遠)을 줄인 말이다. 삶에서 자기 충실과 타자배려를 실천하는 것이 인간의 올바른 삶과 멀리 떨어져 있지 않다는 의미다. 일상을 살아가면서 삶에 필요한 합당한 도리를 멀리 하면 사람의 길이 아니다.

6. 鬼神德盛 귀신성덕

우주자연이 굽혔다 폈다 하며 작용하는 조화의 힘은 참으로 대단하다.

귀신지위덕 기성의호(鬼神之爲德 其盛矣乎)에서 따온 말이다. 귀신은 일반적으로 말하는 죽어서 떠돌아 다니는 영혼이 아니라, 펴고 오므리는 우주자연과 세상 만물의 이치나 원리, 조화롭게 움직이는 질서다.

7. 五道三德 오도삼덕

사람은 다섯 가지의 윤리와 세 가지의 인품을 갖춰야 한다.

오달도 삼달덕(五達道 三達德)을 줄인 말이다. 오달도는 모든 사람에게 두루 통하는 보편적인 길인 오륜(五倫)이고, 그것을 실천하게 만드는 근거인 삼달덕은 모든 사람에게 두루 통하는 보편적인 덕목인 지(智)·인(仁)·용(勇)이다.

8. 誠明性教 성명성교

우주자연의 자연스러운 질서에 따라 세상을 밝히고 세상도 자연스럽게 사람의 도리를 깨닫도록 한다.

자성명위지성 자명성위지교(自誠明謂之性 自明誠謂之

敎) 구절에서 따온 것이다. 자연의 본연인 자연스러움에 근거하여 본래 환하게 드러나는 것이 사물의 본성이고, 본래 환하게 드러난 덕성에 근거하여 자연스럽게 사람의 도리를 이행하는 것은 인간의 길이다. 이는 인간이 어떻게 하느냐에 달려 있다.

9. 德性問學 덕성문학
착한 덕성으로서 인품을 자각하고 세상에 대해 배우고 물어라.

존덕성이도문학(尊德性而道問學)을 줄인 말이다. 훌륭한 인품을 갖추려는 사람은 선천적으로 타고난 착한 덕성을 자각하고 존중하여, 그것을 바탕으로 세상에 대해 배우고 묻는 것을 자신의 길로 인식한다.

10. 萬物竝育 만물병육
이 세상의 모든 사물은 함께 어우러져 자란다.

만물병육이불상해(萬物竝育而不相害)에서 따온 말이다. 우주자연과 세상 사물은 서로 해치거나 어긋나지 않고 조화를 이루며 어울려 살아간다.

내 인생의 '화해'

◇ 화해(和諧)는 일종의 어울림입니다. 조화(調和)를 이루며 살아가는 인간의 모습이라고도 할 수 있습니다. 우리가 살아가는 세상은 어찌 보면 실수와 모순으로 가득하고, 갈등이 연속되는 진흙탕 싸움처럼 느껴집니다. 그러기에 끊임없이 화해를 요청합니다.

정말 인간 세상은 조화와 균형을 추구하는 곳일까요? 끊임없는 경쟁과 성공으로만 치닫는 곳은 아닐까요? 우주자연의 질서와 조화처럼, 왜 인간 사회에 화해가 필요할까요?

◇ 사람이 사람답게 살아가는 도리 가운데 하나가 화해입니다. 화해는 균형과 질서, 조화를 바탕으로 합니다. 하지만 우리가 살고 있는 이 사회에는 화해를 방해하는 다양한 요소가 곳곳에 스며들어 있습니다. 내 삶의 화해를 깨트리는 방해꾼은 없나요?

내 삶의 균형을 무너트리는 화해의 방해꾼은 _____
_____ 입니다.
그 이유는 _____
_____ 때문입니다.

◇ 화해는 평화(平和)와 상통하는 말이기도 합니다. 내 마음의 갈등을 없애고 차분한 마음이 되었을 때, 마음의 평화가 찾아옵니다. 마찬가지로 내가 속한 공동체 조직도 나와 너, 나와 우리, 사람 사이의 갈등과 반목, 불균형이 해소되었을 때, 평화를 맛볼 수 있습니다. 우리 사회가 질서 정연하면서도 균형 잡힌 화해의 모습을 찾으려면, 어떤 '마음 씀씀이'가 필요할까요?

필사(筆寫) 노트

命	性	道	敎				
中	庸	時	中				
過	之	不	及				
費	隱	造	端				
忠	恕	不	遠				
鬼	神	德	盛				
五	道	三	德				
誠	明	性	敎				
德	性	問	學				
萬	物	竝	育				

206

참고문헌

『小學』

『大學章句』

『論語集註』

『孟子集註』

『中庸章句』

『詩經』

『書經』

『禮記』

『史記』

신창호.『한글 대학·중용』. 서울: 판미동, 2015.

--------.『한글 맹자』. 서울: 판미동, 2015.

--------.『한글 논어』. 서울: 판미동, 2014.

James Legge. *THE CHINESESE CLASSICS*. 台北: 南天書

局有限公司, 1981.